丛书编委会

总　策　划：来新国　　王文成

编委会主任：郭齐勇　　周晓亮

编　　　委：来新国　陈知涯　张　彧　尹格韬　沈　众

　　　　　　王文成　孟淑贤　周长志　罗养毅　秦　丹

　　　　　　乌　琛

大家精要

葛 洪

王作良 著

陕西师范大学出版总社

Ge Hong

图书代号 SK16N1477

图书在版编目（CIP）数据

葛洪 / 王作良著. —西安：陕西师范大学出版总社
有限公司，2017.1（2024.1重印）
（大家精要）
ISBN 978-7-5613-7313-2

Ⅰ.①葛… Ⅱ.①王… Ⅲ.①葛洪（284—386）—
传记 Ⅳ.①B235.7

中国版本图书馆CIP数据核字（2016）第302646号

葛 洪 GE HONG

王作良 著

责任编辑 彭 燕
责任校对 宋媛媛
特约编辑 石慧敏
封面设计 张潇伊
出版发行 陕西师范大学出版总社
（西安市长安南路199号 邮编710062）
网 址 http://www.snupg.com
印 制 永清县晔盛亚胶印有限公司
开 本 650 mm×930 mm 1/16
印 张 10
字 数 100千
版 次 2017年1月第1版
印 次 2024年1月第2次印刷
书 号 ISBN 978-7-5613-7313-2
定 价 45.00元

读者购书、书店添货或发现印刷装订问题，请与本公司销售部联系、调换。
电话：（029）85303879 传真：（029）85307864 85303629

目　录

引言　葛洪及其学术成就

　　"中国炼丹术系统化者""那时代（指两晋之交）最伟大的炼丹术士""中国空前伟大的炼丹术著者""他正如是一位伟大的炼丹术士般，也是一位伟大的医师"，这是英国著名的中国科技史研究专家李约瑟对一个中国文化学者的高度评价，这个学者的名字叫葛洪，在中国的炼丹术思想和早期的化学研究方面取得了可观的成就。著名史学家范文澜在他的《中国通史》中称葛洪为东晋最大的"道教徒"。葛洪炼丹的有关主张主要保存在他的代表作《抱朴子》中，他是道教金丹道派的一个代表性人物。除了以上几个方面，在《中国科技与文明》中，李约瑟博士在论及中国的天文史、气象史和矿物学时也经常性地提到葛洪。另外，李约瑟在他的另一部名著《中国科学技术史》第 2 卷《科学思想史》中也有专门一节论述"葛洪和科学思想"，称誉葛洪为"公元 4 世纪最伟大的博物家"，并由此认为"整个医学化学源于中国"。凡此种种，都可以看出葛洪在中国道教史、科技史上的地位。英国的 *Nature*（1927 年）及 *Journal of Chemical Education*（1934 年、1936 年）都曾经对葛洪及其《抱朴子》作过深入探讨。葛洪是世界公认的化学鼻祖、中国十大医王之一，也是中国历史上影响十分大的道教文化巨匠。

葛洪的思想，特别是道教思想，主要体现在其《抱朴子》中，在中国道教思想系统化的进程中，葛洪功不可没。"《抱朴子》一书可谓道教教理之纲领，而葛洪其人，推阐仙道，播传甚力，建立有系统之道教学理基础，亦可称为道教之功臣也。"（蓝秀隆《抱朴子研究》）《抱朴子》一书，内容涉及面颇广，除了道教有关学说外，对各家学说都有吸收。由于身处乱世，葛洪不光表现出对道教信仰的推崇，"援儒入道""外儒内道"的处世观，使得葛洪在现实中主张"儒道双修""出处两得"。卿希泰《从葛洪论儒道关系看神仙道教理论的特点和本质》中即指出，葛洪既要达到通过修炼而长生成仙的目的，又不废弃佐时治国的理想，因而在推崇道家的同时，又提倡德政与用刑并重。长生成仙的思想较为集中地体现在《内篇》中，而《外篇》更侧重于对儒家思想的阐释。不过，诚如王明在《道家和道教思想研究》中所言："葛洪的思想比较复杂，前期绝非纯儒，后期也并非纯道。在他前一阶段以儒家学说为主导的思想里，渗透着道家和法家的思想。在后一阶段的神仙道教思想里，却也没有容纳老庄所有的理论。""葛洪的思想变迁大体就是从入世而遁世，从儒家而皈依神仙道教。"

　　其实，除了在儒道思想的贡献，葛洪一生勤于著述，在很多方面都有不凡的成就，在文学、军事学、思想史等诸多文化领域都取得了可观的成就。

　　需要说明的是，除了东晋葛洪外，南宋孝宗时期亦有名叫葛洪的学者。南宋葛洪（1152~1237），初名伯虎，字容父，浙江省东阳市南马镇葛府人，后居城内葛宅园，曾从南宋著名思想家吕祖谦学习。宋孝宗淳熙十一年（1184）进士。曾任东阳尉，嘉定间为枢密院兼国史院编修，又奏请严饬将帅呈报军用器材装备以杜绝弊端，被嘉纳。历任工部尚书兼侍读，国子监酒，端明殿学士同签书枢密院事。绍定元年（1228）十二月任参知政事，封东阳郡公，卒赠太师，封信国公，谥"端献"。著有《奏议杂著文》二十四卷、《蟠室老人文集》、《涉史随笔》等。

第1章

葛洪的生平和时代

动荡不安的时代

葛洪（283~343）生活的两晋之交，是两晋史上最为动荡不安的时代。南朝梁沈约在《宋书·武帝本纪》中说："晋自中兴以来，治纲大弛；权门并兼，强弱相凌；百姓流离，不得保其产业。"西晋建国后，只保持了短暂的安定局面，而长期的动荡不安随着晋惠帝的继位而至。太熙元年（290）三月，晋武帝司马炎离世，历史上有名的白痴皇帝司马衷登极，史称晋惠帝。惠帝当政后，先是外戚杨骏擅权，后又遭遇贾后乱政，由司马氏开创的帝业，在接二连三的宫廷政变中迅速走向衰败。

晋武帝死后，杨骏独揽大权，他掌管朝政，是凭裙带关系获取的。杨骏也深知自己素无威望，便用加官晋爵来收买人心。不料很多人虽然加官晋爵，却更加鄙视杨骏。杨骏的作为，引起了很多人的极大不满，特别是惠帝皇后贾南风，她怒火冲天，决心要把大权从杨骏手里夺过来。贾南风是开国权臣贾充之女，容貌丑陋，性格冷酷，善于玩弄权术。贾南风还是太子妃的时候，就曾经因为吃醋杀过太子的几个妾侍。有一次，她看到一个妾侍怀了孕，亲手拿了一支戟掷到那个妾侍的肚子上，胎儿当即流产而死。晋武帝得知后，几次要把这个狠毒的儿媳废掉，因一些大臣的反对而作罢。她利用晋室部分皇族的不满情绪，联合朝廷中的反杨势力，积极活动，永平元年（291）三月，贾后的同谋伪称杨骏谋反，晋惠帝下诏讨伐杨骏，杨骏被乱枪刺死。第二年，贾后又将晋武帝的皇后，也就是杨骏的女儿杨芷幽禁起来，杨芷最终冻饿而死。

杨骏垮台后，大臣们拥戴汝南王司马亮和著名书法家卫瓘主持朝政。司马亮虽然懦弱无能，这次回朝却很大方，为笼络人心，他也学着杨骏的样子滥加封赏。对拥护他的人，都以讨伐杨骏有功的名义加官晋爵，仅封侯的督将（武官）就有一千多人。楚王司马玮是晋惠帝的异母兄弟，因为襄助贾后有功，也被重重封赏。掌权的司马亮和卫瓘都认为他骄横跋扈，不易控制，便想把楚王和几个别的宗室遣回封地去，借此剥夺楚王的兵权。司马玮得知后，与贾南风勾结，消灭了司马亮与卫瓘。卫瓘是西晋的开国功臣，他的无端被杀，引起了很多人的同情。贾后利用朝臣的这种心理，借机又杀了司马玮。从此，贾后大权独揽，形成了悍妇控制白痴皇帝，恣意擅权的局面。

晋惠帝即位后，因贾后无子，便立谢宫人所生的司马遹为太子。贾后对此十分不满，费尽心机想废掉太子。司马遹长大后，十分贪玩，不愿读书学习，对此，贾后不加管教，还经常派人引诱太子去干坏事，希望太子越变越坏，以便找到理由废掉他。永康元年（300）十一月，贾南风假称生子，原指望晋惠帝因此而废掉太子，但却梦想成空。贾后便制造冤案，太子终于被废，被囚禁了起来。此后不久，贾后联合司马伦等人，命人用石杵将太子活活打死。

贾后的所作所为，引起了朝臣的极端不满。朝臣们选择了晋宗室司马伦来对付狠毒阴险的贾后。司马伦是司马懿的第九个儿子，因贾后有恩于他，成为贾后的亲信。朝臣们选中司马伦，是因其为人生性贪鄙，有野心，什么无法无天的事情都干得出来。杀死太子的时候，司马伦采用了一箭双雕的计划，想通过这种途径借机也除掉贾后。太子死后，司马伦串联了自己的兄弟梁王司马彤、晋文帝的孙子司马冏等人铲除了贾后集团，杀死了贾后的许多党羽，逼晋惠帝将贾后废为庶人，紧接着毒死了贾后。

司马伦除掉贾后以后，重权在握，还不满足，封自己为使持节、都督中外诸军事、相国、侍中。相国为群臣之首，早在曹魏的时候，司马昭、司马炎都曾担任过相国，他们也因此而颠覆了曹魏政权，因此，西晋开国以后，就不再设立这个官职。相国一职，在人们心目中，已不是为人臣者所能担任的职务。赵王自封为相国，明摆着是要当皇帝了。除此之外，赵王又封自己的几个儿子为王侯，还自设卫兵万人，将太子东宫作为他的相国府。此后，又立临海王司马臧为皇太孙，自己兼任太孙太傅。尽管这样，司马伦也知道笼络人心的重要，他也仿效杨骏、司马亮，大肆给人加官晋爵，封侯者多达几千人。司马伦所倚重的孙秀，本是狡黠贪淫之辈，臭名昭著，掌握着朝廷的实权。他们狼狈为奸，倒行逆施，许多人都看不惯。

时任骠骑将军的淮南王司马允，为人比较正直，处事也很果断，禁卫军的将士对他都很敬畏信服。面对赵王阴谋篡位的所作所为，司马允蓄养力量，打算除掉司马伦。后因伏胤矫诏，司马允惨遭失败，赵王反败为胜，展开了血腥的屠杀，杀害淮南王部属和亲友达数千人。

镇压了司马允以后，赵王加快了夺权的步伐。先由孙秀出面，逼迫晋惠帝加赵王九锡。加封九锡是赤裸裸的逼宫。九锡为传说中古代帝王尊礼大臣所给的九种器物，自王莽开始，成为夺权的象征。此后，司马伦又逼迫晋惠帝下了禅位的诏书，并强行窃取了玉玺。永宁元年（301）正月初九，赵王伦登上了皇帝的宝座。司马伦梦想着，只要当上皇帝就可以为所欲为了。不想称帝才一个多月，齐王司马冏就首先发兵讨伐。接着，成都王司马颖、河间王司马颙起兵响应。几十万人马杀奔洛阳。司马伦抵抗不住，被迫写下退位诏书，晋惠帝复位。恶贯满盈的司马伦，后被朝廷赐死。

司马伦死后，参与讨伐司马伦的皇族们心怀鬼胎，终于使宫廷政变转变为皇族间争夺最高统治权的战争。除了上文提到的司马冏等人外，还有长沙王司马义、东海王司马越参与混战，史称"八王之乱"。战乱由京城波及地方，愈演愈烈。"八王之乱"带来了严重的社会灾难，造成几十万人被杀，上百万人流亡，北方一些繁华的地区和城市，被摧毁殆尽。直到光熙元年（306），大权落入东海王司马越手中，这场绵延十六年的战乱才告结束。"八王之乱"加剧了西晋的统治危机，成为西晋迅速灭亡的重要因素，此后中国社会进入南北长期对峙、战乱不休的五胡十六国时期。

此时的江南与北方相比，要相对安宁一些，但并不太平。晋惠帝太安二年（303），长江、沔水之间爆发了以张昌为首的流民起义，起义军一度攻下扬州、江州（今江西九江一带）等地，严重威胁到江东世家大族的利益。同年十二月，以周玘、顾秘、贺循、甘卓、华谭等人为首的江东世族起兵平乱。年轻的葛洪，也奉命参加了这次行动。两年后，广陵（今江苏扬州一带）地方官陈敏据历阳（今安徽和县），很快就攻下了吴越之地。陈敏欲借助江东士族之力，建立新的割据政权，但以顾荣为主的江东士人因他出身寒微，拒绝拥戴他做江东之主。以顾荣为首的世族又一次起兵响应西晋朝廷的讨伐行动，永嘉元年（307）再定江南。同年，后来被称为晋元帝的琅琊王司马睿为安东将军，都督扬州、江南诸军事，镇建邺（今江苏南京）。

司马睿为西晋远支皇族，在江南又缺乏威望，开始的时候，江东人士依附归顺的很少，后来，司马睿接受名士王导的建议，礼贤下士，安抚新、旧士人，又提倡节俭，为政简约，得到了顾荣、周玘为首的江东世族的认可，江东世家大族遂纷纷归附司马睿。司马睿即位之前镇守建邺的十年中，曾先后爆发了广陵一带的钱璯之乱、荆湘地区（今湖南、湖北一带）的以杜弢为首的巴蜀流民起义，这些都为江东人士提供了建功立业的平叛机会。这样就改变了自从东吴灭亡以后，江东士人不被朝廷重视的局面，葛洪也曾因参与平定陈敏的战役，建立军功而受爵关内侯。但这种改变是极为有限的，司马睿集团中，掌握实权的还是北来的王导、王敦、刁协等人，而贺循、纪瞻等江东士人只有虚位，并没有实际权力。

建武元年（317），晋元帝建立东晋，改建邺为建康。永昌元年（322），权臣王敦自武昌举兵，攻下建康，刁协、戴渊等惨遭杀害，不少朝臣为了躲避血光之灾，辞官归隐。成帝咸和二年（327），苏峻、祖约联合，以讨伐庾亮为名，又一次攻占建康，杀戮无辜，直至咸和四年，陶侃、温峤联军最终平定了这场叛乱。此后至葛洪离世的一段时间内，江左才渐渐安定下来。

葛洪所处的时代，战乱频仍，国无宁日，民不聊生。在血雨腥风的战乱中，两晋名士张华、石崇、欧阳建、潘岳、陆机、陆云、郭璞、嵇含、嵇绍等相继惨遭杀害，江南世家大族周氏、沈氏也遭遇族灭的不幸命运，所有这一切，都不免对葛洪的人生选择和思想的形成产生重要影响，葛洪代表作《抱朴子·内外篇》中的许多观念，也是那个特定时代的产物。

玄谈的兴盛

两晋时期，学界盛行清谈。根据其发展演变的过程来看，

"清谈"的含义有广义和狭义之分。狭义的清谈即所谓"玄谈"，唐翼明在《从世说看魏晋清谈之内容》中将其定义为："魏晋时代的贵族知识分子，为探讨人生、社会、宇宙的哲理，以讲究修辞与技巧的谈说辩论为基本方式而进行的一种学术活动。"广义上的清谈，肇始于汉末建安时代的清议，唐长孺先生在《魏晋南北朝史论丛》中称其为"雅谈"，因汉末名士以清浊之分来评论正邪善恶，又被称为"正论"。其风气延续至魏晋南北朝，是以人物品评、人物理论为主要内容，包含抽象玄理在内的名士崇尚谈论的一种社会风气。

清议的兴起与东汉末年的社会现实密切相关，宦官专权与士风的败坏是其直接原因。东汉桓帝、灵帝时期，宦官专政不仅使政治黑暗，而且也控制着官员的选拔。此时的选举、征辟，都要按照掌权官宦的爱憎行事，严重地堵塞了正直之士的上进之路。另一方面，儒者徒有虚名的现象已非常普遍。范晔在《后汉书·儒林传上》中指出，当时的学界"章句渐疏，而多以浮华相尚"，一些世家大族身居高位，却惧于宦官的威势，对黑暗的政治噤若寒蝉。《太平御览》卷四百九十六引《抱朴子·外篇·审举》所言的"举秀才，不知书；察孝廉，父别居。寒素清白浊如泥，高第良将怯如鸡"就是黑暗现实的真实反映。

这一时期，太学生已发展到三万余人，各郡县的儒生也很多，他们上进无门，就与官僚士大夫结合，在朝野形成一个庞大的官僚士大夫反宦官专权的社会政治力量。他们"激扬名声，互相题拂；品覈公卿，裁量执政"，就是所谓的"清议"。所谓"激扬名声，互相题拂"，主要是比较廉正的官吏、士人、太学生等互相标榜，如"天下模楷李元礼（李膺），不畏强御陈仲举（陈蕃），天下俊秀王叔茂（王畅）"；所谓"品覈公卿，裁量执政"，主要是批评宦官专权乱政。这样的议论自社会流入太学，太学生以郭泰为首，奉司隶校尉李膺、太尉陈蕃为领袖，公开与宦官集团相对抗。

郭泰在当时及其后很长时间里都享有盛名，人们推崇他的博通坟典，善于识人，弟子数千。另一方面，他也因精于品题人物而备受推崇。葛洪同时代的嵇含就认为，郭泰尽管没有接受司徒黄琼、赵典的举荐，但因其学问无所不涉猎，又能识别人才，为人明智，名声超过了前代的任何人。葛洪在《外篇·正郭》中描述郭泰当时的影响说：郭泰声誉隆盛，使得远方的秦地、胡地的人都像影子一样追随着他，街巷中塞满了大官乘坐的车子，路上人马络绎不绝，家中高朋满座，贵客盈门。如此，友朋之间，彼此推尊，朋党交游讲究虚文末节，渐成风习，充斥着整个社会。这种风气，在南北朝时仍有延续，史书中多用清谈来概括门阀势力借助清议掌握铨选大权，从而达到扩张士族势力目的的现象，如南朝沈约《宋书》卷五十七《蔡廓传》中说："史臣曰：'世重清谈，士推素论。'"唐代姚思廉的《梁书》中也有记载，如卷十三中《沈约传》云："乘时藉势，颇累清谈。"卷二十一《王暕传》中曰："势门上品，犹当格以清谈。"

清议经过三国曹魏时期何晏、王弼、阮籍、嵇康等人的继承发展，至三国两晋之交，演变为清谈，主要针对本和末、有和无、动和静、一和多、体和用、言和意、自然和名教等诸多具有哲学意义的命题进行深入的讨论。特别是在两晋，清谈更是如日中天，成为当时思想界的一股崇尚老庄之学的思潮，当时人又称之为"清言"，或"玄远之谈""虚谈""玄论""谈论"等。参与论辩的士人，时人称誉他们为"名士""名胜""明通""名理"等。

何晏、王弼，开创魏晋玄谈之风。何晏为人放诞不羁，但从其《论语集解》中反映的思想，尚不失儒者矩矱；王弼的《易注》，对后世儒学发展亦有较大影响，与《论语集解》同列《十三经注疏》。更为重要的是，在探讨宇宙万物之起源时，王弼摆脱了两汉四百年经学倡导天地主宰天运的学说，而绍述老庄本意，代两汉宇宙论学说为《周易》的宇宙论。两汉人以阴阳学说阐释孔子之说，王弼、何晏则以老庄思想来说孔。至嵇康、阮籍，崇尚质朴率真。因司马氏一方面专权，一方面又高倡名教作为遮羞布，为了对抗这种风气，嵇、阮转向老庄，表面放弃礼法，放浪人间，还大胆宣称"礼法岂为吾辈设"。其实他们对抗的，是所谓的伪礼。到了西晋时期，官高位显的王衍、乐广，是当时士人公认的清谈领袖。玄学的兴起，是东汉末年儒学的日渐没落与汉代道家自然主义日益兴起的一种自然演变的结果。

清谈有一套约定俗成的程式：一般都有交谈的对手，从而引起争辩。争辩形式或为驳难，或为讨论。辩论的双方一般分为主客两方，人数不限，有时两三人，或者更多。谈话的席位称为"谈坐"，谈论的术语称为"谈端"，若引经据典称作"谈证"，谈论的语言称为"谈锋"或"谈机"。在清谈的过程中，一方提出自己对某一命题的见解，以树立自己的论点，对手则通过对话，进行"问难"，推翻对方的结论，同时树立自己的理论。在相互论难的过程中，其他的参与者也可以发表赞成或反对的意见，称为"谈助"。讨论结束时，主客双方或看法一致，握手言和，或各执一词，互不相让，也会有人出来调停，暂时结束谈论。元康以后的放达派人物，因现实的黑暗与政治的残酷，不愿正视现实，即使清谈也徒求狂放的形式而缺乏深刻的思想内涵，其思想并不具有原创性，正像葛兆光著的《中国思想史》（第一卷）中的概括，阮籍病死之后的清谈"常常是玄言的游戏或演练，玄理本身已经成了次要的东西"，清谈中，人们更为欣赏的是名士们"手执麈尾"的潇洒风度，而不是清谈命题本身了。衣冠华美、容貌映丽，其他如舆盖、言行、容止等，无不成为叹赏的对象，如晋戴逵《竹林七贤论》："嵇绍入洛，或谓王戎曰：'昨于稠人中始见嵇绍，昂昂然若野鹤之在鸡群。'"对此，南朝刘义庆的《世说新语》中多有记载：如王夷甫（王衍）"神姿高彻""明秀若神""处众人中，似珠玉在瓦石间""捉白玉柄麈尾，与手都无分别""潘安仁夏侯湛并有美容，喜同行，时人谓之'连璧'"。

西晋以降的一段时间里，清谈被看作是空谈，甚至有王衍因清谈误国的说法。王衍为著名的竹林七贤之一王戎的从弟，身居高位，"妙善玄言，惟谈老庄"，对三国时期何晏、王弼等人的贵无学说推崇备至，能言善辩，一旦辩论中于"义理有所不安""随即更改，世号'口中雌黄'"，因不安即改，不逞意气，有切磋学术而不尚尊卑、不涉意气的因素包含其中，但深层的原因恐怕还在于泯灭了基本的是非标准。玄谈更多地表现为语言训练式的思辨游戏，可以王衍的女婿裴遐作例子。裴遐据说长于清谈，据《世说新语·文学》记载：裴遐新婚时曾与郭象辩难，并没有表达出多少原则性的定见，但"闻其言者，知与不知无不叹服"。依笔者之见，听众欣赏的也许是裴遐的"辞气清畅，泠泠若琴瑟"的风姿，而不是接受了他清谈所表达的内容，看来，清谈的论题已经不那么重要，如何清谈已成为人们关注的重心，很多人也就热衷于将清谈时如何展示自己的风采作为吸引眼球的第一要义。另外，在很多事上，清谈家的无能无识，更无特操，昭然若揭。以王衍为例，惠帝初年贾后专政，废愍怀太子，王衍的女儿为太子妃，王衍怕这件事连累自己，上表请求解除女儿的婚约。贾南风被诛后，有司弹奏王衍说："太子被诬得罪，衍不能守死善道，即求离婚。得太子手书，隐蔽不出。志在苟免，无忠蹇之操。"王衍为此受了"禁锢终身"的处分。还有一件事更能看出王衍的为人，西晋灭亡后，王衍被石勒俘获，却不顾当朝太尉之尊，"欲求自免，因劝勒称尊号"。如此怕死媚敌，真是丢尽了晋室君臣的颜面。

与之相应，此时期的玄谈者，更加地放诞不羁，口谈玄虚，不亲世务，以纵酒为乐，甚至以裸体为快，这些，已与嵇康等人的任诞之举有了质的差别，嵇康、阮籍等人的一些不合礼法的举动，是对曹魏政权中新兴的司马氏集团侈谈名教行为的一种消极反叛，是他们"越名教而任自然"意识的具体实践。元康放达派的一些举动，差不多已完全沦为作秀，是其心灵空虚的直接表现。《晋书·乐广传》载："广与王衍俱宅心事外，名重于时，故天下言风流者，谓王、乐为称首焉。"《晋书·王衍传》亦云："（衍）累处显职，后进之士，莫不景慕仿效……矜高浮诞，遂成风俗焉。"于是，集于王、乐左右或彼此有关系的人，如王澄、郭象、山简、谢鲲之流，无不狂放自高，言谈相尚，造成玄谈的极盛景况。因为这个原因，儒学的权威严重受挫，但并非所有的两晋士人都崇尚清谈。早在西晋时期，刘颂、傅咸、裴頠等人曾对清谈的弊端进行了批判。傅咸曾抨击王戎"不依仰尧舜典谟，驱动浮华，亏败风俗"，东晋戴逵曾作有《放达非道论》，对元康放达派的所谓放达有过以下评语："元康之人，可谓好遁迹而不求其本，故有捐本徇末之弊，舍实逐声之行，是犹美西施而学其颦眉，慕有道而折其巾角。"舍本求末，东施效颦，是元康放达派所谓放达的实质，同时，戴逵以形象的比喻比较了竹林与元康名士的分野："竹林之为放，有疾而为颦者也，元康之为放，无德而折巾者也，可无察乎！"

　　纵情酒色，行为放荡，若其仅仅是文人名士，影响尚小，但那些以清谈著称的名士大都是朝廷命官，放诞不羁，不奉礼法，丝毫不以国事为怀，其后果不堪设想。王澄失守荆州，投奔王敦被杀。王衍也在西晋灭亡后被石勒所害。《晋书》本传载：王衍即将行刑的时候，对周围的人叹息说：哎，我们这些人，虽然比不上古人，但如果先前不崇尚虚浮，齐心协力匡正时政，也不致落到今天这样的下场。不知道《晋书》

的记载是否可靠，如果确有其事，王衍也未免觉醒得太晚了，只是他的临死之言，确实道出了部分事实，但若将西晋的灭亡完全归罪于王衍一流的清谈，则不免夸大了清谈的社会危害。

清谈之风，虽有益于哲理思维和舌辩能力与文学素养的培养，谈论内容却与当时的现实没有多少联系，葛洪在论著中对庄子、公孙龙等人著述的抨击，也是对当时士大夫清谈的针砭。《抱朴子·外篇·百里》中说："三台九列，坐而论道；州牧郡守，操纲举领；其官益大，其事愈忧。"高官显宦，终日悠游，无所事事，葛洪对此类社会现象的抨击，是与清谈联系在一起的：手握重权的人，若整日醉心于清谈，必然荒疏政事，葛洪对此是深恶痛绝的。当然，对于当时的清谈之风，葛洪不是偏执地排斥，他只是对清谈的末流表示了自己的厌恶之情："不闻清谈讲道之言，专以丑辞嘲弄为先。以如此者为高远，以不尔者为呆野。""俗间有戏妇之法……或清谈所不能禁，非峻刑不能止也。""虽不能三思而吐清谈，犹可息谑调以防祸也。"这些话里的"清谈"，就是"清议"之义，《三国志·魏书·武帝纪》注引《汉纪》中郑泰游说董卓时即有："孔公绪能清谈高论，嘘枯吹生。"是为"清谈"用作"清议"之义的最早例子。社会的是非观念和美丑标准产生了扭曲，人们在言谈中没有高雅的说辞和讲道的言论，而专门将那些丑话和讥笑别人之词放在嘴边，这样的人被当作有高远的志向，不这样做就被人看作白痴、粗鄙之人。在《尚博》中，葛洪曾将文章之"文"、谥号之"文"、花纹之"文"混为一谈，我们很难搞清作者到底是出于无意还是有意，但我们还是可以看出葛洪不自觉地受到了魏晋清谈之风的一些影响。

葛洪的家世

后世人们了解葛洪的家世，主要是通过《抱朴子·外篇》《自叙》获得的。葛洪尽管是以道家思想而著称，但儒家思想在其思想体系中也占有相当重要的地位，特别是在早期。《抱朴子·外篇》卷五的《君道》篇，即是以儒家学说为主线，论述"君臣"治国执政之道。

葛洪最初的想法，与封建社会中的普通读书人一样，认为读书是为了博取功名。葛洪年轻时发生的两件事，改变了他的人生道路，一件是他跟从郑隐学道，因此接受道家思想的熏染，对他的人生道路的重新选择发挥了关键性的作用；另一件是他在参与平息流民起义的过程中，随着对参与平乱的世家大族有了深刻的了解，对他的同伴们感到极度失望，也沉重地打击了葛洪早年曾有的意欲在仕途上大有一番作为的想法。葛洪在平定叛乱的过程中，身先士卒，也极大地鼓舞了士气。更为难能可贵的是，葛洪在打了胜仗以后对待战利品的做法。据《抱朴子·外篇·自叙》中记载，在一次战争大捷之后，钱帛珍玩堆积如山，葛洪约令自己的士兵不得私自拿取钱物，自行离开军阵，如有擅自离开者，以军法处置；而其他的将领则放纵士兵随意取走财物。后来果然出现了潜伏的敌兵，对葛洪他们的军队发动了袭击。其他的武装因人马负担着沉重的财物，无心恋战，很快就乱作一团，死伤无数，一片狼藉。唯独葛洪的武装军阵整齐，毫发无损，而且在关键的时候，解救了其他军队的崩溃之势，对于这场战役，葛洪用了四个字高度评价了自己的重要作用："洪有力焉。"与之相应的，对于祖先的功业，葛洪在《自叙》里也有着颇为详尽的叙述，为我们了解葛氏家族的历史提供了宝贵的资料。

葛洪追溯远祖，上至葛天氏，《自叙》中云："其远祖葛天氏，盖古之有天下者也。后降为列国，因以为姓焉。"年久失传，其说未必可信。有关葛洪较为可信的家庭谱系，杨明照在《抱朴子外篇校笺》附录《葛洪家世第六》中，据葛洪《抱朴子·外篇》及其他相关资料，有过详细的查考，此处依其说，参考其他资料，将葛氏家族的世系（从葛洪的十世祖开始）排列如下：

十世祖（名不详）——九世祖葛浦庐（九世从祖）——八世祖至四世祖（资料不详）——三世祖葛矩——二世祖葛焉（二世从祖葛弥）——祖父葛奚（从祖葛玄）——父亲葛悌——葛洪。

葛洪出生于江东世家大族之一的丹阳句容（今江苏句容）葛氏家族。从相关记载看，葛氏家族从葛洪的十世祖起，居于山东琅琊（今山东临沂一带），九世祖迁居丹阳。葛洪的十世祖曾为荆州刺史，王莽篡汉后，其因耻事"窃国之贼"，弃官归乡。后来与他人起兵反对王莽，为王莽军队打败。为了免除祸患，遂称疾自绝于世。因王莽担心其家族过于强大，可能重新作乱，葛家于是离开荆州，迁于琅琊。

九世祖葛浦庐，在西汉末年起兵响应刘秀反对新莽政权，因辅佐汉光武帝有功，官封骠骑大将军。葛浦庐的弟弟葛文，跟随哥哥南征北战，英勇杀敌，建立了不少军功，最终周身带伤，右眼失明。葛浦庐上书皇帝，要求加封弟弟，终因葛文为自行参军，未得到皇帝的封赏。葛浦庐遂让爵于葛文，南渡长江，迁徙至句容定居，带领子弟们过着耕读自娱的生活。高祖葛矩曾为安平（今河北安平）太守、黄门郎。曾祖葛焉曾任山阴（今浙江绍兴）令、散骑常侍、大尚书等。

葛洪的祖辈中，祖父葛奚和父亲葛悌的记载比较详细。葛奚在三国吴时，历任御史中丞、庐陵（今江西吉安）太守、吏部尚书等要职，封寿县侯。据葛洪自述，祖父博学多才，善于思辨，一时难有其四。葛奚为人直言敢谏，是一位勇于批评朝廷和皇帝的正直官员。吴末帝孙皓在位期间（264~280），有一次，葛奚喝酒以后，说了一些"忤逆"孙皓的言论，引得这位以凶残暴虐著称的吴末帝怒不可遏，他采取了一贯的惩罚方式处置了这位前朝旧臣，赐给葛奚毒酒，葛奚中毒而殒命。对于葛奚之死，同时代的贺邵曾给予高度评价，称其"忠良"，为"信臣"。

葛洪父葛悌，以孝友闻，言行堪称士林楷模，为官清正。孙吴时，历任郎、中正、中书郎、中护军等职，再拜会稽（今浙江绍兴一带）太守。吴亡以后，初以故官仕晋，曾任吴王司马晏郎中令，颇受排挤，最后迁邵陵（今湖南新化一带）太守，卒于官任上。

葛洪为悌之第三子，两个哥哥生平不详。葛洪还有一个姐姐，嫁与许朝。许朝，字杨先，勇猛以气侠闻，历任襄阳（今湖北襄阳）、新野（今河南新野一带）、南阳（今河南南阳）、浔阳（今江西九江）太守。后与甘卓谋讨王敦，因计划泄露，自杀而死，卒年五十三。葛洪有两个侄子，一名葛望，一名葛世。葛洪另有一从孙葛巢甫，可以肯定为其兄长之孙，不过不清楚到底是大哥之孙还是二哥之孙。

葛洪另有一个姑姑，嫁与刘姓人家，其子刘士由，与葛家有往来。根据其言行判断，刘士由应是一个士人。

葛洪的岳父鲍靓，字太玄，河南陈留（今河南开封市境内）人，一说东海（今山东郯城境内）人，一说上党（今山西上党境内）人，汉司徒鲍宣之后。曾任南海郡（今广东广州一带）太守，因其精通仙道，被称为神仙太守。鲍靓自小聪明好学，博览群书，尤好道学，通天文和河图洛书，传说享年百余岁。曾从道教史上的著名高人阴长生学道，得其《太清金液神丹经》。相传阴长生曾在武当山、罗浮山等地著书立说，享年一百七十多岁，后于今重庆丰都平都山飞升成仙。晋室南迁后，鲍靓举家迁往丹阳，教授生徒经典古籍。鲍靓在岭南传播符箓道术，成为迄今有史可考最早进入岭南的道教符箓派人物。另有一说，据传鲍靓的老师为吕子华，而吕子华则师承阴长生。民间相传，鲍靓可以通过占卜预测未来，葛洪曾跟从鲍靓学道。民间传说中，鲍靓任南海太守后，白日处理政事，晚上则常常飞往葛洪修道的罗浮山中的蓬莱洞与其谈天说地。鲍葛二人无所不谈，谈论历史，评说时事，切磋道术，探讨神仙，当然谈得最多的事情还是烧汞炼丹。《内篇》中的许多内容，就是葛洪在与鲍靓的闲聊中获得的，葛洪还得其《三皇文》的真传。传说葛洪卭仙后，他的妻了鲍姑也在罗浮山的玉鹅峰飞升成仙了。

对葛洪的思想和人生道路有着重大影响的葛氏家族成员，是他的从祖父葛玄（164~244），也就是葛奚的族兄，其传记见葛洪的《神仙传》卷八。葛玄因其思想和人生道路对葛洪的影响，使得有关二人关系的记载时有致误之处，《西湖佳话》，孙叔平《中国哲学史稿》，邱凤侠《抱朴子内篇今译》，杨立志、李程《道教与长江文化》等著作，皆误其为葛洪的曾祖父。葛玄字孝先，人称太极葛仙翁或太极葛仙公，是一个被看作神仙的道教大师，道教史上著名的理论家和炼丹家，道教丹鼎派的创始人之一，道教尊称其为"葛仙翁"，称其为第二十八代神仙。在道教史上，葛仙翁是指葛玄，但是在民间，人们也称葛洪为葛仙翁，如宁海的《西洋葛氏世系》就记载："（葛）洪即仙翁也，纡余著作，遍游天下名山……将十有年，起应王导之召。"

北宋徽宗崇宁三年（1104），葛玄被封为"冲应真人"，南宋现宗淳祐六年（1246），又被封为"冲应孚佑真君"。与葛洪的祖父不同，葛玄的父亲葛德儒虽曾任大鸿胪和尚书之职，但却"素奉道法"，由此看来，葛玄一系的道教信仰传统是相当深厚的。

葛玄十多岁时，父母皆离开人世，虽幼年失怙，但博览经传子史，十五六岁时就名震江左，因家世的影响，喜老庄之说，修身求道。东汉灵帝光和二年（179），在会稽虞山从道士左慈受《太清》《九鼎》《金液》等丹经及《灵宝经》。三国吴大帝孙权嘉禾二年（233），在阁皂山（位于今江西清江县境内）东峰建庵，筑坛立炉，传经他删集的《灵宝经》，修炼九转金丹，被后世灵宝道士封为阁皂山祖师。亦曾在天台（位于今浙江中部）、括苍（位于今浙江中南部）等名山修道，甚得孙权崇信，孙权在赤乌二年（239），为其建立方山观（亦名"洞玄观"，位于今江苏南京江宁区内）。葛玄日常服食"仙丹"，善用符箓，能行各种方术技艺。赤乌七年，葛玄卒于方山，被称为白日升仙（一说坐化升天于江西铅山的葛仙山），号葛仙公。葛玄是继左慈之后，金丹道教的一代宗师，也是从他开始，《灵宝经》在道教系统中发挥了作用。另外，葛玄也潜心于道教哲学的研究，曾撰写《道德经序》，阐发了道教哲学中的哲理，并使之宗教化。葛洪在其论著中虽因《道德经》"泛论较略"而未加推尊，但其中哲学本体论的基本概念"玄""道""一"，显然与《道德经》相关，可以看出是受了葛玄的影响。

《神仙传》中说，葛玄常服饵术，又擅长医道和书符，精于辟谷和胎息之术。在《抱朴子》中，葛洪即以"余从祖葛仙公"称呼葛玄，可见葛玄是当时一个服食求仙养生的著名人物。民间有很多有关他成仙的传说，其中一个故事说，葛玄因法术高超而闻名四方，许多人都想邀请或去拜访他，以期一睹他的精湛法术。可是葛玄只想好好修炼，所以常常拒绝邀约。一天，又有人来请他，葛玄实在不想去。那人说什么也不干，非要让葛玄走一趟。无奈之下，葛玄只好跟着那人走了。走了大约几百步之后，葛玄突然说他肚子疼，躺在地上，没过一会儿就死了，把来请他的人吓坏了，赶快上前去扶他，不料扶头头断，扶四肢则四肢折断，整个躯体很快就腐烂了，而且还遍生蛆虫，臭不可闻。情急之下，那人赶紧去葛玄家报信。不料当他走到葛家大门口时，却看见葛玄端坐在厅堂上闭目养神。那人没敢说话，转身跑回葛玄丧命的地方查看。结果，那腐烂的尸体已经不见了。葛玄对葛洪的影响就主要表现在神仙修炼方面，还有重生与归隐的思想倾向方面。《抱朴子·外篇》中有很多此类思想的表现。

据清道光四年（1824）成书的《铅山县志》载，葛仙山为葛玄"修炼升天处"，上建有葛仙祠，又称玉虚观。清同治年间的《铅山县志》载："玉虚观……昔葛玄炼丹其地，唐咸通中建宗华观（一说建于北宋元祐七年），宋治平二年改赐今额。"在葛仙山的山腰有为葛玄之母而建的娘娘庙，相传葛玄在葛仙山上修炼之后，其母特从江苏句容老家赶来探望，不想行至半山突然故去，未能见上儿子一面，后人遂在葛母仙逝处筑殿以表纪念。另据明代曹学佺《蜀中广记》记载，葛玄曾在昌州之脑山（位于今重庆大足县境内）修炼，餐松实，咽黄精，自谓云："一炷清香一卷经，一轮明月一张琴，吾以此自老焉。"其实，"一炷清香"两句非葛玄所作，但从曹氏的记载可以看出，葛玄在道教神仙界的影响之深。

传说葛玄亦到中原地区游历过。河南长葛市后河镇至今仍遗存有葛仙灵池，而且还有一个美妙的传说，民国十九年（1912）《长葛县志》曾载："昔吴人葛玄从左慈受《九丹金液仙经》，世号葛仙翁。尝从吴主至溧阳，风作舟覆，玄独立水上，衣履不濡。曾游长葛，采药陉山。暑月入池中，数日不出，后白日冲举，所遗池水，亘古不竭，滚滚上翻，浪花璀灿。相传以白布入池中即变蓝色。故俗称摆蓝池。有石甃，遇旱祷雨辄应，又名灵池。"立于水上，衣服鞋子不沾水，显然是中国道教仙术中的轻功，即俗称"水上漂"一类的功夫，而池水源源不断等，皆荒诞不经之说，葛洪也有类似的传说流传。而"遇旱祷雨辄应"则表现了民间社会的一种美好愿望，也反映了民众对葛玄的广泛喜爱与接受。另外，在河南襄城的紫云山一带，也有葛玄的传说和活动遗迹。

据《三洞真经》记载，葛玄曾将《三洞真经》一通传给弟子，一通藏之名山，另一通留给了家门子孙与族弟葛奚以及族侄葛悌。在宋代张君房的《云笈七签》中，详细记录了葛洪家族接受《三洞真经》的过程，葛玄传其与葛奚，葛奚又将其传给其子葛悌，由此看来，葛奚父子虽是饱读儒家经典的醇儒，但因与葛玄的交往，他们与道教也有着割不断的关系。葛洪少年时期即有志于仙道，是与家族和家庭的影响分不开的。当然，对葛洪道教思想影响最大的，还是他的老师郑隐，这一点在后文有详细论述。

葛洪的生平

葛洪，字稚川，自号抱朴子，又称稚川真人或小仙翁，先世祖籍河南宁陵（今河南宁陵一带），丹阳句容吉阳里（今江苏句容境内）人，东晋时期著名的道教学者、医药学家、炼丹家。因资料等方面的原因，其生卒年月多有歧说，《中国科技与文明》中即列有多种说法，其中认可了陈国符《道藏源流考》中的说法，即葛洪生于西晋武帝太康四年（283），卒于东晋康帝建元元年（343），享年六十一岁。葛洪生年，异议较少，其卒年却有诸多歧说，许抗生《葛洪道教思想研究》中认为葛洪卒年为穆帝永和元年（345），王明注《抱朴子内篇·附录·晋书·葛洪传》、郑全《葛洪研究》则认为葛洪卒年为哀帝兴宁元年（363）。享年六十一岁所据资料为晋人袁宏的《罗浮记》，享年六十三岁则源于葛洪《神仙传》的有关记载，享年八十一岁主要依据为《晋书》，王明注《晋书·葛洪传》云：

"检葛洪撰之《神仙传》云：平仲节于晋穆帝永和元年五月一日去世。则葛洪之死，当在穆帝永和元年之后，康帝建元元年非卒年明矣。又《道教义枢》卷二、《云笈七签》卷六载：葛洪于晋建元二年三月三日在罗浮山以《灵宝经》传付弟子安海君望世等。核诸所载，当以八十一说为可信。"《道教义枢》为唐孟安排集，约成书于武则天时，张君房的《云笈七签》更晚至北宋始出现，晚于唐初出现的《晋书》，当然晚于《罗浮记》，不足以作为立论根据。侯外庐、陈飞龙、胡孚琛、卢央、杨明照、王承文等认可陈国符说，他的观点也得到了学术界大多数研究者的认可，本书即采用该说法。后人了解的葛洪生平，多得自于《外篇·自叙》。

民间传说，葛洪出生时，他的家乡句容盼来了久旱后的一场大雨，为人们带来了喜悦和生机。面对此情此景，父亲葛悌眼望着门前暴涨的小河，耳听着洪水奔腾的隆隆声和儿子的啼哭声融成一片，情不自禁对妻子说道："这孩子是洪水带来的，就给他起名叫葛洪吧！"

葛洪号抱朴子。"抱朴"一词，最早见于《道德经》中。"见素抱朴、绝学无忧、少私寡欲"为老子提出的治国三项具体措施。"素"是没有染色的生丝，用来比喻品质纯洁、高尚的圣人。"朴"本指没有加工过的原木，老子用其来比喻合乎自然法则的社会法律。"见素抱朴"即是说无为而治。葛洪早年就接触到《老子》的"抱朴"之说，也就以"抱朴子"作为自己的号。对于"抱朴子"这一称谓，时人可能有所非议，葛洪表示："只是自己问心无愧而已，哪有理由对别人的不谅解表示不满呢！也希望善于鉴别事物的人物，体谅自己只是信从'抱朴'，而不是培养自身的傲气。"

葛洪所处的两晋时代，讲究穿着打扮的风气非常盛行，许多人想方设法穿好的、戴好的，花样不断翻新：前一阵子风行宽领大带的服装，过一阵子长袖小腰身的装束又开始时兴起来；一会儿以穿着衣襟拖地的服饰为美，一会儿又以身穿短小不足以盖住脚面的衣衫为荣。面对不断变化的世风，葛洪却特立独行，不管是往来乡间，还是出入闹市，总是一身朴素的旧衣裤，从不追赶时髦，也不在乎时人怎么看。对于葛洪的行为，有人叹息，有人嘲讽，更多的人表示不解，当时就有人指着葛洪的背影议论说："学问好，衣服少，读书多，鞋帽破。"葛洪似乎也不懂得生活的乐趣。他学识广博，读书很多，却连棋局上有多少杠杠、多少格子都搞不清楚；葛洪挑得起二百来斤重的担子，但玩起甩石头、掷瓦块的游戏，却连小孩子都比不过。当时有些人颇醉心于赌博、斗鸡，葛洪认为这些都是恶习，会扰乱人们的心思，白白消耗大好时光。如果沉迷于恶习，做官的就会荒废公事，读书人无心学业，种田人错过农时，生意人耽搁了做生意，最为恶劣的是很多人在赌博、斗鸡的过程中，为了争强好胜而积怨结仇，引起无谓的祸端，一些帝王将相，因迷恋游戏不能自拔而导致家破人亡，这些在《外篇·自叙》及《交际》篇中都有反映。《外篇·省烦》中，葛洪对墨子"节用""节葬"的观点表示了赞许，说："至于墨子之论，不能非也。……至于讥厚葬，刺礼烦，未可弃也。自建安之后，魏之武、文，送终之制，务在俭薄。此则墨子之道，有可行矣。"葛洪的作为和观点，显然与崇尚奢华的时代风气格格不入。基于此，"抱朴之士"的称号也就产生了，有人这样称呼葛洪，出于其为人过于老实、固执、乏趣；而另一些人称葛洪为"抱朴之士"，是称赞葛洪性格朴实、言语朴拙、衣着朴素。

在待人处世上，因其"抱朴"之个性，葛洪从不主动拜迎长官，也不计个人毁誉。与朋友结交也审慎观察，详细了解后才决定是否来往。不轻交不义之友，泰然自处，完全有异于时人交往的特点"游不择类"（《外篇·疾谬》）和"交游过差"（《外篇·自叙》），所谓"不以物喜，不以己悲"，正是葛洪为人的最大特点。《自叙》中还说："世人多慕豫亲之好，推暗室之密，洪以为知人甚未易，上圣之所难。浮杂之交，口合神离，无益有损。虽不能如朱公叔一切绝之，且必须清澄详悉，乃处意焉。又为此见憎者甚众而不改也。驰逐苟达，侧立势门者，又共疾洪之异于己，而见疵毁，谓洪为傲物轻俗。而洪之为人，信心而行，毁誉皆置于不闻。"其大意是，因知人的不易，世上那些浮泛浅薄的交往，面合而心不合，这样的交情没有益处而只有坏处。了解得透彻细致，才可能真心交往。而那些追随权门、侍立权要的人，对葛洪与自己行为迥然有别心生不满，就故意挑毛病，诽谤葛洪为人傲气，看不起人。葛洪却不为所动，依然按照自己的方式行事，诋毁赞誉全然不放在心里，心里担忧的是时人依仗自己的长处而蔑视别人的短处。因此，葛洪非常讨厌浅近之人，在《自叙》中自表心志说："每与人言，常度其所知而论之，不强引之以彼所不闻也。及与学士有所辩识，每举纲领。……度不可与言者，虽或有问，常辞以不知，以免辞费之过也。……"为了避免被误解，与别人谈论时，总是揣摩对方所了解的方面来说，不强拉着别人涉及他不曾涉及的领域。万一和饱学之士有所辩论，也要列出大纲与提要。不值得交谈的人，即使问问题也常常以不了解为借口而推辞，以免徒费口舌。葛洪理想中的朋友是："正直诚信见闻广博，能补正过失指斥谬误，活着的时候不乞请对方打通关节，死的时候没有托付的私事，从始至终完全相合，无论天旱地热都不会改变。"（《外篇·交际》）

葛洪结交的朋友中，郭文是著名隐士，嵇含是《南方草木状》的作者，干宝是《晋记》和《搜神记》的作者，邓岳对发展广东地方的工商冶金业作出了自己的贡献。以上诸人，与当时的清谈之风都保持着相当的距离，与葛洪的"抱朴"追求相合。葛洪交友，以志同道合为前提，《交际》中即对当时世俗的交友观表示了不满："世俗之人，交不论志，逐名趋势，热来冷去；见过不改，视迷不救；有利则独专而不相分，有害则苟免而不相恤；或事便则先取而不让，值机会则卖彼以安此。凡如是，则有不如无也。"因而，葛洪认为情真意切、天长地久的朋友不易得到："人实在是不容易了解的，权势和利益往往造成了背弃和聚合，毁谤积累得多了足以破坏刎颈之交。""想要努力磨炼才成就的短近之才，缺乏鉴别事物能力的人，致力于广泛地结交，又要求结交的人都很恰当，可以与其经历平地险途都不改变感情，遇上危难困苦还能彼此担当，这样的人我看找不出很多。"其中的原因也各个有别："（朋友之间）因为小的嫌隙而置原先的感情而不顾，于是张劭和范式的友谊只在从前独享盛名，张耳和陈余决绝那样的事却时有发生。……为什么仁德明理的人不和凶暴昏昧的人相处呢？因为浸染久了就会改变正直的品德，过分接近就会产生害处。"真正的朋友实在不容易得到，是因为暂时相交的朋友，"有的在隐逸和出仕上路途不同，有的在好恶上想法有别，有的盛时相合衰时离弃，有的见到利益就忘记了信义。他们暂时的共处，就如同鸟和鱼为侣，冰和炭放在一起，希望他们长久地相合，又怎么可能呢？"曾有人就此质疑葛洪："按你说的，人们之间可以不交往了。"对这一点，葛洪也给出了自己的看法："天下人的交友之道，由来已久。天和地不交合就不通泰，上下之间不交往就会思想分离。不通泰就会阴阳二气失调，思想分离就会使天下没有国家。但天下之事，有好的开始容易，而好的结局就确实得之不易。所结交的人不恰当，原因在于在小事上争夺而忽略了大事。《周易》上赞美金兰之好，《诗经》咏叹朋友，'即使有兄弟，也不如有朋友'，原因就是朋友间可以相互切磋勉励，可以获取正直、诚信、多闻三个方面的好处，是大圣人孔子所嘉许的，同门之间也可以增进感情，攻击诽谤之词也不会到来。管仲避免了被杀掉而且协助桓公建立了霸业，朱博能够离开亭长的位子而乘上华美的车子，靠的都是交游朋友的力量。"

有人对"全交之道"提出了疑问，葛洪也给出了自己的回答："君子与人断绝交情尚且口不出恶言，怎么能在背后说别人的坏话呢？牺牲自己的生命来报答朋友，名誉地位哪里值得争抢呢？正确的交往方式，应该是亲近而不轻慢，友善但不苟同，看到对方的过失，就严肃地加以劝诫；对方告知自己有过失，就迅速改正而不畏惧。绝不会因为怕违逆对方的情绪而不说。不因为不顺自己的耳朵而不听，不用巧妙的辩解来掩盖自己的过失，不会表面赞同而内心反对，不藏匿真情而口头迎合，不当面顺从而背后憎恨，不嫉妒人家超过自己。隐匿对方的缺点而发挥其长处，隐藏对方的过失而宣扬其成绩，表面上没有斤斤计较的争执，内心更抛却暗中争胜的牵累。"对朋友如此，是因为朋友之间可以"切思""三益"，也为"大圣所嘉"。因主客观两方面的原因，葛洪坚持"口不及人之非，不说人之私"的原则，这一点在后文有所涉及。

《交际》中，葛洪以汉末的朱穆、徐幹为例子，谈到了"交友之道"的宗旨，其种种原则只适用于朋友之间，不能指望凭借交友之道的提倡就改变社会现实。朱穆、徐幹对当时的奔竞之风非常痛恨，但他们却没有力量去纠正，又不忍心看到这样的风气长此以往，"乃发愤著论，杜门绝交"。葛洪强调，"矫枉而过正，非经常之永训也"，正确的做法是，远离与自己不同类的人，慎重地对待谄上欺下产生的根源，而不必赤身裸体去改易道德不称其服的现象，也不必用绝食来讥刺饮食的豪华。葛洪推崇先哲交友是先选择而后结交，而不是先结交而后选择。葛洪不喜结交名流权贵，也有时代的原因，两晋之交是乱世，士流往往因名受累，或因位高权重而遭遇不幸，出于全身保命的考虑，葛洪认为与那些高官名流交往不会有什么好的结果："名声超过实际情况，地位超过个人能力，处于那种境况的人还很少有免于灾祸侮辱的，和他们交往的人哪里能够有荣耀和福气?"因此,"和他们交往而遇到机会,即使能够腾达也不值得珍惜。受到别人庇护而误了前程,就像在朽烂的树下乘凉被砸着。他们尚且不能避免摔倒,又怎能使其他人免于被打碎脑袋呢?"在那样一个时代,葛洪甘心情愿做一个"退士""无志之士"。

不谈是非之事,是葛洪为人追求的目标之一,葛洪认为这也是自己的天性所在。《外篇·自叙》中说:"自有识以逮将老,口不及人之非,不说人之私,乃自然也。虽仆竖有其所短,所羞之事,不以戏之也。未尝论评人物之优劣,不喜诃谴人交之好恶。或为尊长所逼问,辞不获已,其论人也,则独举彼体中之胜事而已。其论文也,则撮其所得之佳者,而不指摘其病累,故无毁誉之怨。"因品评人物而结怨取祸,汉末以来屡见不鲜。葛洪的作为,与阮籍的"口不臧否人物"有着同样的良苦用心,但嘴上不说,并不是心里没有想法,葛洪的交友观即是最好的体现。葛洪此举,确有几分无奈,但他坦诚说出,也是其性格朴实的一种表现。"抱朴子"一号,葛洪很是欣赏,后来也就以其来命名自己的代表作了。

葛洪的家世,前文已有论述,此处需要补充的是,据陈寅恪《天师道与海滨地域之关系》一文中所言,其家族可能是一个天师道世家。葛洪出生的时候,孙吴政权刚刚被西晋灭亡三年。葛洪在幼年时,或许因其为父母晚年所生,受到了父母的宠爱,因此父母也没有逼迫他早早接触书籍,终日只是骑马射箭、习武玩耍。然而好景不长,元康五年(295),葛洪十三岁的时候,父亲葛悌去世。葛悌为官清廉,家无积蓄。父亲去世后,葛洪陪同母亲扶着父亲的灵柩返乡。从此,家庭陷入困顿之中,葛洪不得不亲自耕田种地,披星戴月,辛勤劳作,过起了自食其力的生活,其中的艰辛可想而知。而元康五年,荆、扬、兖、豫、青、徐六州的洪水灾害,无疑加重了这个家庭因刚刚失去户主所带来的忧伤和恐惧。由于战火,葛家的藏书早已被全部焚毁。葛洪幼年时父母没有强求其读书，无书可读大概也是原因之一。农闲之际，家中无书可读，葛洪便背着行李步行赴远方借书来读。借书常常也不顺利，不是遭人白眼就是被拒绝，但这丝毫没有动摇葛洪读书的决心，他锲而不舍地坚持着。葛洪白天砍柴换钱购买笔墨纸砚，晚上抄写借来的书。因缺乏纸张，他抄书时字写得很密，正反两面都写满字，也只有他一个人能认清写的内容。

十六岁时，葛洪开始学习《孝经》《论语》《诗》《易》等儒家经典。因家境贫困，葛洪似乎没有太多的机会寻访师友，加上贪多务广，最终未成为醇儒，不能成为传授之师。对丁河图洛书以及谶纬一类书，他仅仅是翻翻而已，对于道教的"风角""算术""九宫""三棋""飞符"一类东西，他也不是太喜欢。后来他虽学了"风角""望气""三元""遁甲""六壬""太一"之法，但也是知其大概。后来他的兴趣又转到"诸子之书"，最为欣赏的还是《道德经》。葛洪道教的有关信仰的形成，与道教名山——茅山，有很大的关系。

葛洪家乡的茅山，是道教上清派的发源地，被道家称为"上清宗坛"。有"第一福地，第八洞天"之美誉。茅山道教文化源远流长，相传早在距今五千多年前高辛氏时期，展上公修炼于句曲山伏龙地（今江苏句容茅山镇玉晨村）；先秦时，有燕国人郭四朝修炼于玉晨观；秦时，真人李明修炼于古炼丹院（今乾元观）。茅山的得名，也与道教徒茅氏兄弟有关。西汉年间，陕西咸阳人茅氏三兄弟茅盈、茅固、茅衷来句曲山修道行善，益泽世人。后人为纪念茅氏兄弟的功德，遂改句曲山为三茅山，简称茅山。茅山因山势曲折，形似"已"字，故原名句曲山，又名金陵地肺山，道家称，"句曲之金陵，是养真之福境，成神之灵墟"。

两晋时期，葛洪曾在茅山抱朴峰修炼，并著书立说；东晋哀帝兴宁二年（364），杨羲、许谧等创作了《上清大洞真经》，在茅山创立了别具江南特色的教派——茅山上清派；南朝齐梁著名道士陶弘景隐居茅山四十余年，为茅山上清派的主要传承者。

葛洪所处的时代，是门阀士族政治盛行的时期，葛洪虽出身江东世家，但因其南人的身份和父亲过早亡故，再加上无力寻访师友，走仕途少了强有力的支持，从事著述后来就成为他的人生志向。葛洪成年后，虽然北方士人对来自江东的亡国人士态度有了很大的改变，但西晋初年陆机、陆云兄弟在洛阳的遭遇对葛洪的人生选择应该有所影响，据《世说新语·方正》记载：二陆兄弟刚刚到洛阳时，一次，北方士族卢志当着众人之面诘问陆机："陆逊、陆抗是先生的什么人？"陆机不动声色地回答："正像足下与卢毓、卢珽的关系。"陆逊、陆抗二人为东吴名将，声播海内，卢志的诘问，显然是一种挑衅，而后来陆氏兄弟遇害，卢志等人的妒忌心作祟，是很重要的原因。葛洪醉心于著述，也与想远离灾祸颇有关系。

葛洪从十五六岁就开始了自己的著述生涯，可惜的是，此时的著作大都没有保存下来，也许有一些已融入他以后的著作之中了。对于早期的著述，当时的葛洪颇为自信，认为可以行于当代。

葛洪刚刚成年，母亲便去世了。此后到二十岁，葛洪在庐江（今安徽庐江县）马迹山中跟从郑隐学习金丹大法，接受道家思想的熏陶。据《抱朴子·内篇·金丹》记述，《金丹经》的传承始于左元放（左慈）。东汉末年战乱时，左元放因避乱远道来江东，葛洪的从祖父葛玄从左元放受金丹诸经，此后葛玄又传授给郑隐。郑隐本是江南名儒，为葛玄众多弟子中的佼佼者，也曾一度师事左慈。少为书生，善律历，通晓五经，熟知仙道，兼综九宫、三奇，是当时著名的道家学者。郑隐深通修炼之道，八十多岁时依然身轻体健，一头乌发，一次饮两斗酒而不醉，辟谷多天也不会感觉饥饿。葛洪师从郑隐学习诸子百家典籍，此外还学习风角、望气、遁甲等方术知识，而且还学了武艺。或许是因为葛玄的关系，葛洪在郑隐的五十多个弟子中是唯一获受《金丹经》《三皇内文》《五岳真形图》《金银液经》《黄白中经》等众多道家炼丹秘籍的。

葛洪少年时，在政治上虽然缺乏强有力的支持，但还是想通过自身的努力来求取功名，这也是当时大多数读书人的人生选择。一开始跟从郑隐学习《金丹经》时，葛洪的志向还是无关道教，只想做一个著书留名的隐士。他开始受《金丹经》时，仅仅将其作为祖传的必学科目，颇有应付的意思，尽管他不无心得。郑隐当时也看出了这一点，对葛洪进行了善意的劝诫，指出葛洪有很强的甄别能力，是一个可教之材。但是葛洪掌握的知识，太为驳杂而缺少精深，原因就在于葛洪缺乏专一的精神。郑隐的一番点拨，坚定了葛洪对修炼金丹大法的信念，并为之付出了终身的努力。后来的事实表明，葛洪接受了老师郑隐的劝诫，以修炼道教长生不死的金丹大法作为人生目标。葛洪从郑隐学道，弘扬道教教义，严守师说，严格秉承师传，因而清人方维甸在《校刊抱朴子·内篇序》中说："然则葛氏之书，墨守师传，不矜妙语。譬之汉儒说经，其神仙家之汉学乎？""仙家之汉学。"准确地标明葛洪对郑隐的学说有所发扬光大，但不穿凿附会。

晋惠帝太安元年（302），郑隐因为江南可能发生战乱，率领众弟子移居霍山，葛洪没有随行，而身居扬州。第二年的十一月，因石冰作乱，攻打扬州，葛洪受义军首领顾秘之邀，募集数百人，加入讨伐石冰的队伍，成为平叛的一支力量，并因功封伏波将军。就在这一年，著名的江东二陆被杀，陆机"华亭鹤唳"的叹息，应该说对葛洪的心志产生了冲击。此前，已经有张华、潘岳、石崇、欧阳建等名士死于非命。一次次的血腥，让同时代的许多文士有着强烈的心灵震撼，张协、张翰等人，由先前的追求势位富贵退而隐居山林。葛洪大概在此时，真正转向立志于著述，专心做一个"文儒"。促成葛洪这一转变的因素，还有他参加镇压流民叛乱时的所观所感。葛氏一族世代多仕宦，亦多行伍出身，作为江东士族的一员，葛洪直接参加了当时平定叛乱的战斗，成为地方武装的一名首领，应该说，他这样的选择，实质上也是保护自身利益的需要。但在平定叛乱的过程中，葛洪通过自己的亲身体验，对世家大族的本质有了更为深切的了解，同伴们的所作所为也让他大失所望。

　　大概从二十岁开始，葛洪对其少作就未曾中断过审阅和思考，其思想也一直徘徊于儒、道之间。葛洪自述，直到《抱朴子·内篇》《外篇》完成后，还有百卷作品尚待审阅。二十岁之后的若干年中，葛洪就是在农业生产劳动和刻苦学习、笔耕不辍中度过的。

　　永兴元年（304）的春夏之交，葛洪从家乡出发，渡过长江，后欲经徐州（今江苏徐州一带）到豫州（今河南洛阳一带）搜求异书，因遭逢战乱，中途受阻，遇到了故友嵇含。这年七月，东海王司马越奉帝北征成都司马王颖，六军败绩于荡阴（今河南汤阴一带），百官分散，侍中嵇绍因保护惠帝死节。

　　永兴二年，葛洪二十三岁时，陈敏作乱，自号楚公，据有吴越之地，葛洪自此至永嘉元年（307），先后游历了荆、襄、江、广数州。《内篇·金丹》记载，游历期间，除了寻访异书之外，葛洪还进行了大量的社会调查，特别是有关道教的社会调查。在洛阳时，他从董京的学生陈子叙处了解到董京辟谷的方术、炼食的药方和途径。大概在此时，葛洪开始考虑《抱朴子·外篇》和《内篇》的撰述。

　　光熙元年（306），晋惠帝被司马越毒死，司马炽即位，史称晋怀帝。西晋政权落入东海王司马越手中，"八王之乱"结束。朝廷任命嵇含为广州（今广东广州一带）刺史，嵇含邀请葛洪做他的参军，出于避乱的目的，葛洪答应了嵇含之请。未及成行，嵇含即为仇人所杀，葛洪遂停留南土多年，借机远赴今越南和柬埔寨等印支地区，考察了那里的出产和人工制品，所得考察材料，对于他撰写《内篇》的相关篇目有着至关重要的影响。

晋怀帝永嘉六年（312），葛洪三十岁，隐居罗浮山，结识南海太守鲍靓，拜鲍靓为师，受《石室三皇文》，且娶其女为妻（钱穆的《葛洪年谱》中，葛洪从鲍靓学内丹之术的时间为光熙元年或稍后）。三十二岁返故里，闲居，州郡及车骑大将军礼辟，皆不就。后一年，葛洪勉受，辟为府掾。又二年，受赐爵关中侯，食句容之邑二百户，洪上书固辞但未见许。

葛洪于十六岁立志撰一子书，二十岁着手草创《抱朴子》，至三十五岁始撰成。至其四十五岁时，因生活所迫，逢司徒王导召补他做州主簿（史官），乃受职。很快任职司徒掾，又迁咨议参军。大约四十五岁或稍后，《晋记》作者、负责修国史的干宝认为葛洪"才堪国史"，推荐其任散骑常侍，领大著作，葛洪固辞不就。应王导之召应为葛洪最后一次为官，此后直至六十一岁生命终结，于一切职务皆坚辞不就。

葛洪五十岁时，听说交趾（今越南一带）盛产丹砂，请为句漏（今广西北流一带）令。当时的晋帝成帝以葛洪资历高，句漏县令品阶低为由，没有批准其请求。葛洪再奏："非欲为荣，以有丹耳。"成帝方才放行。至广州后，为刺史邓岳强留，乃止于罗浮山，居留数年，从事炼丹，优游闲养，著述不辍。

晋康帝建元元年（343），一日，葛洪写信给邓岳，云："当远行寻师、药，克期便发。"邓岳接到他的信后，内心感到不妙，担心有什么事发生，就去了葛洪隐居炼丹的地方，而葛洪已经仙逝。及至见到葛洪的遗体，其颜色如生，体亦柔软，相传入殓的时候，其身体轻盈得好像没有穿衣服一样，当时的人们都认为葛洪是尸解而得道成仙了。

葛洪的弟子中，有其子侄辈的葛望、葛世等，另外还有鼎鼎有名的黄野人及腾升。《外篇·明仁》中记载了葛洪答"门人"之问,可惜这些人未留下姓名。

　　据载,葛洪南下广州时,长子葛渤与其同行,次子葛勋则定居于今浙江宁海岔路镇一带的平原地区,至今繁衍四十多代,现存后裔两万余人,散居在县内白溪流域,其葛氏宗谱都遥奉葛洪为一世祖,以"仙里名宗"自居。

第2章

《外篇》的主要内容及成就

《外篇》内容及成就概述

最能代表葛洪学术思想和成就的著作，莫过于《抱朴子》。《抱朴子》分《内篇》《外篇》，《晋书·葛洪传》录一百一十六篇，今存《内篇》二十篇、《外篇》五十二篇。《外篇》篇目，据《外篇·自叙》及《直斋书录解题》所言，共五十篇。《隋书·经籍志》录三十一卷，并云梁时尚存五十一卷，流行至今的即为五十一卷。今人杨明照校笺《抱朴子·外篇》加上《自叙》，收入五十二篇。《外篇》在流传的过程中，可能有些文字经过后人的加工增删，以《百家》《文行》为例，清人顾广圻、陈其荣以为两篇大都重复《尚博》篇，应当删除改定，加上《自叙》，正好是五十篇，可备一说。严可均《全晋文》自《意林》《初学记》《北堂书钞》《艺文类聚》《太平御览》《白孔六帖》等典籍中辑其佚文多条，一些可确定为《备阙》和《军术》中的内容，其余皆失篇名，《军术》篇及大多数篇目，按《意林》所言，应在《刺骄》与《重言》之间，根据《自叙》所言，这些篇目或许最初收于《抱朴子》，尔后又为葛洪所删去。

《内篇》《外篇》各起次第，分别单行，内容上也迥然有别，并具有本末思想，是对《吕氏春秋》《淮南子》等撰述传统的集成，并且有所深化和发展。自《隋书·经籍志》以下的目录著作，大多将其分别记录。至南宋尤袤《遂初堂书目》才将二者合而为一，归入道家。明卢舜治书记载"《抱朴子内外篇》八卷"，谓《外篇》大旨"亦以黄、老为宗"，有失准确。清永瑢等编撰《四库全书总目提要》亦沿袭其误，《外篇》《内篇》皆入子部道家类。但是，这样的归类失之于简单化，缺乏科学依据。当然，这样的错误分类，与《抱朴子》内容丰富驳杂的特点有关。

《抱朴子》内容颇为丰富繁杂，孙叔平在《中国哲学史稿》中称其为"大杂烩"，"作为哲学著作，《抱朴子》只是一堆瓦砾"，不过"有些化学、医药知识，是可取的。这些是葛洪的贡献"，因此，孙叔平认为葛洪"既不是真正的道教，也不是真正的儒家""他的道学是神仙道教，他的儒学是道教化的哲学"，基本道出了《抱朴子》的内容特色和葛洪思想的内涵。《外篇》是葛洪早期思想的产物，也显示了作者先儒后道的思想发展轨迹。尽管在《抱朴子·自叙》（其中有"今齿近不惑"云云，再加上葛洪生平推断，《自叙》约完成于晋元帝永昌元年，322）中，葛洪尽力表现出自己淡泊功利的一面，但从其中对于祖辈功业津津乐道式的追溯，多少反映出年轻时期的葛洪怀抱较为强烈的家国功业观念，也显现出他踵继祖辈功业以期淑世的真实情怀。而严酷的社会现实粉碎了葛洪的梦想，《外篇》中很多篇目所针砭与抨击的，就是葛洪所处时代的活生生的现实。

《外篇》在文学批评史、政治思想史、科技发展史等领域，也占有举足轻重的地位。近人梁启超、胡适、鲁迅所开列的国学必读书目中，皆有《抱朴子》。其中，1934 年鲁迅为好友许寿裳之子——清华大学中国文学系学生许世英开列的学习中国文学的十二种书目中，就包含了《外篇》。

关于《外篇》在学术史上的地位，杨明照在《抱朴子外篇校笺》前言中说："西晋的政治概况和社会风貌，皆历历在目。其观察之敏锐，笔锋之犀利，较诸干宝《晋纪总论》，有过之无不及。我们今天要研究晋代历史，《抱朴子·外篇》确是一部不可多得的晋人著作，有时它比唐修的《晋书》还重要。"杨氏所论，尚着眼于《外篇》对晋代政治、社会的深刻批判。相较而言，台湾学者李丰楙在《不死的探求 抱朴子》中"抱朴了内儒外道说的意义"一节的评价则更为全面："葛洪的抱朴、保守性格具现于外篇，就是延续并转化汉人旧学，其中含摄儒、墨、道、法、兵诸家，而归本于儒家，他以之论人间的得失、世事的臧否，常因应时势，因事制宜。所以论出处去就之道，适应魏晋多故的政局，多倡道隐遁，知止任命的道家思想；论君道臣节之道，感于晋世纷乱的政治，提倡君尊臣卑之说，君主修德，又能分官任贤，则权臣不再跋扈、能臣能有出身，近于外法内儒的思想；论讥俗救生之法，激于魏晋士风的颓废，因而主张严刑峻法的法家与省繁去侈的墨家，而反对俗儒的仁政、道家的迂阔。"在臧否时事、引述历史教训和论述南北学术差异等方面，《外篇》堪与北朝颜之推的《颜氏家训》媲美。

据《内篇·黄白》记载，《外篇》的完成要早于《内篇》，以文字篇幅而论，《外篇》是《内篇》的两倍有余。据《抱朴子外篇校笺》前言中的考订，《外篇》成书于东晋初年（建武元年，317）。据《自叙》中所述，其内容"言人间得失，世事臧否，属儒家"，此言不虚。《外篇》中有两篇以"君道""臣节"命名的文字；在《博喻》和《应嘲》里，葛洪再一次强调了"君道"和"臣节"。在《君道》《臣节》《良规》篇里，葛洪以天地关系比附君臣关系，提出即使是昏君也不能废除：

"君，天也，父也。君而可废，则天亦可改，父亦可易也。"（《良规》）这明显是西汉董仲舒"天不变，道亦不变"在新的历史语境中的一种翻版。论及君主存在的必要，葛洪否认君主的妻妾成群是出于满足情欲的需要，而将其看作是"理阴阳，教肃宗，奉祖庙，承大祭"的结果。在《诘鲍》（"鲍"即葛洪同时代的鲍敬言）中，葛洪认为，之所以将君臣上下的等级秩序比附为自然现象中的乾坤定位，天尊地卑的观念成为确立君臣上下人伦原则的标准，其原因就在于轻清的气上升为天，重浊的气下降为地。在《臣节》中，葛洪详论了臣子应具备的道德节操："臣子如果功劳不卓著，就耻于不应有的优厚俸禄；政绩不佳，就羞于徒有其名的高官厚爵。履行诺言、心念忠顺，上天和人事都会相助；畏惧自满、自居谦虚，最终总会是吉祥的。举手投足间合乎道义法度、遵循规矩准则，那么受到褒奖而居于高位即使时间长久，也可以远离灾祸和屈辱。至于损害国君而施恩给私人，败坏公事而经营私利，阿谀奉承曲意顺从，就像以水济水。君王行为虽然荒谬却谬赞有加；频繁进献玩物珍宝，让君主背上恶名；巧言令色破坏政事而讨得君王的欢心，对上遮蔽了君王的明智，对下堵塞了进贤的道路；对外结交外国的君主，对内则结党营私，即使言谈才智足以掩盖错误和过失，像赵高和董卓一样独揽权势，也没有不身遭利刃，家中被毁坏的。"对于臣子道德节操方面的要求，葛洪更多的是从更好地侍奉君王的角度加以论述的，有儒家传统思想的气息。

西晋统一全国后，曾出现过极为短暂的繁荣局面，史称"太康（晋武帝年号）盛世"。但好景不长，随着晋武帝的离世，西晋统治集团内部权利之争的"八王之乱"就随之而来，再加上西北诸少数民族的进驻中原，阶级矛盾与民族矛盾激化，西晋王朝陷入无法自拔的统治危机之中，并最终走向衰亡。然而，面对外族入侵、战乱频仍、奸人当道、民不聊生的惨痛现实，享有特权的贵族士族们却醉心于清谈，对民族的危亡和混乱不堪的现实充耳不闻，熟视无睹，从《世说新语》等典籍中记载的情况看，贪婪、恶毒、放荡、虚伪、奢靡、荒淫，是两晋时期许多贵族所作所为的真实写照。葛洪年轻时的作为，与当时大多数的士族不同，虽然身处万方多难的衰乱之世，葛洪从来没有放松过对自己的要求，想尽办法提高自己的儒学素养，而且也写了不少针砭时弊的文章，其外篇中的《讥惑》《刺骄》《百里》《穷达》《自叙》等篇，直言不讳地揭露现实，与当时那些"虚美隐恶"、徒然用华丽的辞藻来取悦当世的作品，可谓有天壤之别。

《自叙》中，葛洪在谈到自己交友的标准时，曾揭露了现实中的各种弊端和"不义之人"的种种丑行："不勤农桑之本业，而慕非义之奸利。持乡论者，则卖选举以取谢；有威势者，则解符疏以索财。或有罪人之赂，或枉有理之家；或为逋逃之薮，而飧亡命之人；或挟使民丁以妨公役；或强收钱物以求贵价；或占锢市肆，夺百姓之利；或割人田地，劫孤弱之业。惚恫官府之间，以窥掊克之益，内以夸妻妾，外以钓名位。"其中描画，可谓活生生的浮世绘。《外篇》论述西晋政治概况和社会风气的诸多方面，与同时代干宝的《晋纪总论》有异曲同工之妙，而其揭露之深刻、观点之犀利，在很多方面又超越了《晋纪总论》，也成为后世研究西晋历史不可或缺的重要典籍。鲁迅将《外篇》列为文学系大学生必读书目，也是考虑到其"论及晋末社会状态"。

抨击不良士风时俗

在《讥惑》篇里，葛洪通过自己的见闻和感受，谈到了南北士风（包括学风）的不同，这应该是论及该领域最早的论著。同时，葛洪也注意到，随着政治中心的南移，文化中心也有所迁移，从而在很大程度上改变了江南原有的受儒家濡染较深的文化、习俗等，这在《世说新语》《晋书》等中都有所反映。对于北方文化，葛洪认为其确实有胜过南方的地方，但也有应当否定之处。葛洪对江南人士废弃旧俗而盲目仿效北方习俗的做法表现了强烈的不满，他举出了相关的四个例证：一是书法，二是语言，三是哀哭，四是居丧。唐长孺《读〈抱朴子〉推论南北学风的异同》对于以上几点都有精当的论述，并指出南北学风的一些差异，早在晋室南渡之前就已经有了。西晋陆云的《陆士龙集》中提到了"音楚"的问题。东吴亡国后，陆机、陆云来到洛阳，为了避免因"音楚"（操原吴地方言）受到讥评，曾经学习洛阳话。颜之推的《颜氏家训·音辞篇》就说："南染吴越，北杂夷虏，皆有深弊，不可具论。"此处提及的"南染吴越"的音辞，包括南渡侨姓与吴地士人口中的北语，即吴化洛阳语，相当于蓝青官话（夹杂方言的不标准的普通话），仅仅流行于士族之间。然而多年之后，连南迁的侨姓也受到时风的影响。对于这样的风气，葛洪颇为担忧，一味效法北方话而改变原先的口音，但又不会很快就学好，反倒显得可羞可笑，也正像邯郸学步一样，最终只能爬着回去而被别人嘲笑。

葛洪也曾提到江南盲目仿效中原地区"哀哭"的世风："乃有遭丧者而学中国哭者，令忽然无复念之情。昔钟仪、庄篇，不忘本声，古人进之。孔子云：丧亲者若婴儿之失母，其号岂常声之有！宁令哀有余而礼不足，哭以泄哀，妍拙何在？而乃治饰其音，非痛切之谓也。"（《讥惑》）哭丧的目的本来在于表达悲哀之情，无所谓难听与动听，而受到中原风习影响的江南地区哭丧时却"治饰其音"，不足以传达痛切的哀悼之情。哭丧时"治饰其音"的风习，延续至北朝，《颜氏家训·风操》就有以下记载："礼以哭有言者为号；然则哭亦有辞也。

江南丧哭，时有哀诉之言耳；山东重丧，则唯呼苍天，期功以下，则唯呼痛深，便是号而不哭。"在颜之推的时代，江南风习在很多方面受到中原文化的影响，北方业已绝迹的哭丧方式，江南地区还有所保留。中原哭丧时的"治饰其音"，除了有一定声调与节奏外，还有一套固定的哭丧用语。颜之推提到山东重丧呼"苍天"、期功（服丧一年）呼"痛深"，即在哭丧的时候有一定的语词可供选用，需要时就号喊这些语词，实际上并没有哭。这种哭法很程式化，缺乏真情实感，是"哀不足而礼有余"（《礼记·檀弓上》），与哭泣以尽哀的实际大有出入。颜之推说这是山东之地的哭法，概指中原一带旧有的哭丧方法。

居丧之事，按吴地风俗，哀毁之情甚于北方。据《宋书·五行志》载："（吴之风）居三年之丧者往往有致毁以死。"胡孚琛在《魏晋神仙道教——〈抱朴子内篇〉研究》中说："魏晋时代已没有汉代意义上的纯儒，当时玄学家的新学在河南兴起，波及江南较晚，故晋初江南尚保留着汉学的传统。"对于江南固有的居丧习俗，葛洪进行了肯定："余之乡里，先德君子，其居重难，或并在衰老，于礼唯应衰麻在身，不成丧致毁者，皆过哀啜粥，口不经甘。时人虽不肖者，莫不企及自勉，而今人乃自取如此，何其相去之辽缅乎！"江南地区守丧时，那些衰弱的老人只需"衰麻在身"，考虑到他们的身体状况，也可以不送丧、不必过于哀痛，其他守丧者皆应"过哀啜粥""口不经甘"，这与中原守丧期间的大吃大喝丑行形成鲜明对照。而晋室南迁之后，江南由于受到魏晋名士放诞之风的影响，居丧期间，孝子们往往别处他室，高枕无忧，美食华衣，而且与客人纵情饮酒，还大言不惭地说："这是京城洛阳的做法。"上述现象，葛洪都归结为"礼"的被破坏。于"礼"不合的习俗既然由来已久，一些人就振振有词地辩解："京城之中及中原地区，那些有地位的王孙公子都是这么做的。"对于此等言论，葛洪发表了如下见解："中原地区，本是礼的发源地，礼怎么会是这样的？这恐怕是社会的衰败引起的，不是安定繁荣时期旧有的风习。"对此，葛洪颇为痛心，唐魏徵等所著《隋书》卷三十二《经籍志一》中记载的《丧服变除》一卷，即葛洪思考之结果。

在《刺骄》篇中，葛洪抨击了那些盲目模仿戴良与阮籍举动的人士，进而指出那些不合礼法的行为是未开化民族的作为，而非华夏民族乐于做的事情。那些人的资质能力难以与戴良一类傲世之人相比，他们有的歪戴帽子或结发不戴帽，有的袒胸露背伸腿而坐；有的当众洗脚，有的当着人面撒尿；有的将客人晾在一边只顾自己吃东西，有的只给自己的亲人斟酒。葛洪认为，戴良和阮籍如果能检点约束他们的作为，谨慎行事，那么凭借他们的学问，造诣肯定要更上一个档次。即使他们这样有才的人，也因特立独行而自找麻烦，何况那些仿效他们作为的人？造诣远不如他们，招致祸患、引火烧身也就为期不远了。要避免祸患，就要做事有礼节，这样才不显得轻慢。在此基础上，葛洪进一步论述道，贵为天子，尚且对三老、五更（二者皆官名，取三更五辰之意，也就是说天下凭借他们而光明起来）两个职位的人行着子弟般的礼节，为的就是为天下人作出表率。一个人想要别人尊重你，一定要懂得自尊。如今那些违背礼法的人，不喜欢听到别人"很快会死"的讥刺，这就等于背着猪但却憎恶别人说自己臭，栽进泥里却矢口否认自己肮脏。葛洪还总结道，国人向往安定的局面，如果改掉以往不合礼法的东西，修明政治，国家中兴还是有希望的；反过来，不合礼法就会导致国家覆亡。他举例说，周平王东迁后，辛有看到披头散发祭祀的人，预知戎族会发达，后来果真是这样。接着，葛洪用自己的亲身体验来论证西晋亡国的原因所在，他说在晋怀帝、愍帝的时候，士人们不守礼法，崇尚简傲轻慢，像外族一样自处，后来遭遇羌人扰乱华夏，大肆侵入，掠夺京城。人们这才意识到蔑视礼法正是国运衰落的先兆。

《讥惑》中，葛洪论述了礼与国家治乱的关系："盖人之有礼，犹鱼之有水矣。……人之弃礼，虽犹面见然，而祸败之阶也。"礼的废弃，在葛洪看来，是国家祸乱败亡的根源。在《省烦》中，葛洪再一次表示："安上治民，莫善于礼。"后来，北宋的二程兄弟承继了这种观点："天下之习，皆缘世变。秦以弃儒术而亡不旋踵，故汉兴，颇知尊显经术，而天下厌之，故有东晋之放旷。"（南宋朱熹编《河南程氏遗书》卷四）

葛洪的妇女观，烙上了儒家礼教色彩的印迹。他在《疾谬》中抨击妇女在现实社会里抛头露面的情况，批评这种行为无视基本礼节，破坏了男女之大节。基于此，葛洪郑重警告明智的男人，应相当严密地控制他们的女眷。他认为重视男女有别是防微杜渐的明智之举，在家庭生活中，妇女应该负担起"绩麻""中馈"等内务，也就是说纺线织布、洒扫庭院、准备一日三餐等是妇女的天职。男人们只有以礼法来要求和限制他们妻子的活动，国家和家庭才会步上正轨。在葛洪看来，理想的男女交往就如同《礼记》中所记的那样："男女无行媒不相见，不杂坐，不通问，不同衣物，不得亲授，姊妹出适而反，兄弟不共席而坐，外言不入，内言不出，妇人送迎不出门，行必拥蔽其面，道路男由左，女由右。"不过，葛洪也痛斥了当时某些人"嘲妇"的放荡行为。一些行为放荡的男子，嘴里整天谈着女色，去别人家里，大声嚷嚷要看人家的女眷，如果男主人拒绝他们的要求，就会受到嘲笑，直到他们的愿望得以实现。见到女眷之后，他们与其杂处，交杯而饮，让她们唱歌跳舞，互相调笑，大声喊叫喧闹，期待着发生司马相如琴挑卓文君的故事，而反对这种习俗的人被视为蠢汉笨伯。对于这样的行为，葛洪很看不惯。在葛洪的眼里，男人的这些放荡行为正如女性的行为不端，对国家和家庭是同样有害的。在《疾谬》篇中，葛洪将这些人斥为"轻薄之人"，指出他们的举动最后会导致国家倾覆："笑乱男女之大节，蹈《相鼠》之无仪。夫桀倾纣覆，周灭陈亡，咸由无礼，况匹庶乎！"男女间的调笑举动，破坏了男女交往的礼法，重蹈了《诗经·相鼠》中缺乏威仪的覆辙，看看历史上夏桀、商纣的亡国，西周和陈国的覆灭，哪一个不是源于礼法失常，更何况一般老百姓呢！在《讥惑》里，葛洪以鱼与水的关系谈论"礼"的重要："人之有礼，犹鱼之有水矣。鱼之失水，虽暂假息，然枯糜可必待也。人之弃礼，虽犹面见然，而祸败之阶也。"

葛洪对于一些男子放荡的行为的批判，是有感于当时所谓"元康放达派"的所作所为而发的。元康（291～299）是晋惠帝司马衷的年号，"元康放达派"并非指元康年间的放达之士，而是泛指元康之后直至东晋初年几乎弥漫当时上层社会浓烈的社会风气。一些人在喝酒时要酒疯，对长者尊者使用污言秽语，与父祖谈话时，也嘴不离嘲戏之词，甚至在与女性交谈时，也有此类恶习。但这些人却不以为怪，不以为羞，将这样的行为看作纵逸、放达的做法。放达派固然有追求高尚、率真、单纯精神实质的一面，但在像男女交往上就显得有些过分，过于放纵，有那么一点儿不知廉耻的感觉。谢鲲折齿的故事就是这种风气的一个例证。

谢鲲年轻时就知名于世，为人任达不拘、通简识高，对黄老、《易经》很有研究，能歌善啸，可谓多才多艺。谢鲲的邻家有位少女，长得很漂亮，谢鲲自恃才高望重，便趁机到邻家去挑逗女郎。当时少女正在织布，看见谢鲲来纠缠，举起手中的织布梭子就朝谢鲲脸上砸去，一下打掉了谢鲲的两颗门牙。谢鲲悻悻而归后，仍然傲然长啸说："虽然被砸掉了两颗牙，幸好还不妨碍我长啸高歌。"比较一下与谢鲲事相类似的阮籍的行为，二者精神世界的高下就昭然若揭了。《世说新语·任诞》篇记载，阮籍邻家女子长得很美，当垆酤酒。阮籍常常和"竹林七贤"中的另一位名士王戎去她那儿喝酒，喝得酩酊大醉后，阮籍就睡在她的身旁。女子的丈夫开始还怀疑阮籍有什么不轨之心，暗中观察了好久，最终发现阮籍没有别的意思。阮籍的放达，不含轻佻猥亵之意，较之于谢鲲的轻薄，境界上确实有天壤之别。

对于当时民间"闹洞房"的种种不文明行为，葛洪也表示了自己强烈的不满。闹洞房在明清文献中常常出现。婚宴之后，一些客人在新房里随便戏弄新郎新娘。这种习俗似最早出现在西汉的幽燕地区，班固《汉书·地理志》在言及燕地风习时曾说："婚取（娶）之夕，男女无别，反以为荣。"发展至东汉后期，闹婚房的情景已相当野蛮，《群书治要》所引东汉末仲长统《昌言》中的文字就是当时闹婚房的实录："今嫁娶之会，捶杖以督之戏谑，酒醴以趣之情欲，宣淫秩于广众之中，显阴私于亲族之间，污风诡俗，生淫长奸，莫此之甚。"今天，这种习俗在大部分地区已经淡化，但在某些地区还有所保留。葛洪《抱朴子·外篇·疾谬》中的记载，似是后世所谓"闹房"的最早资料，原文记载如下："俗间有戏妇之法，于稠众之中，亲属之前，问以丑言，责以慢对，其为鄙黩，不可忍论。或蹙以楚挞，或系脚倒悬。酒客酗嚣，不知限齐，至使有伤于流血，踒折支体者，可叹者也。古人感离别而不灭烛，悲代亲而不举乐礼，论礼，娶者羞而不贺。"其中列举的闹洞房中的不文明之举今天仍可以看到，比方当着众人之面，也不回避亲属，用污言秽语向新娘发问，故意让新娘难堪。更有甚者，有人似乎还沿袭了人类早期古老的驱邪仪式，用鞭子鞭打新郎新娘，还有的捆住新人的手脚将其倒挂起来。酒客中也有酗酒的，不注意检点约束自己，致使出现受伤流血、折断四肢的惨剧。凡此种种，葛洪认为都是令人叹息的事情，都是有违礼法的。葛洪提到的闹洞房的情景，是比较人类学中常常提到的一种信仰，这种信仰认为新郎新娘在新婚之夜暴露身体会受到妖邪的伤害，闹洞房的种种举动，正出于辟邪去害的目的。

对此种习俗，葛洪认为，不能因为这种事情在民间流传的时间很长了，没有人觉得它有什么不合适的地方，就随波逐流，助长败坏人心的风气。口诛笔伐也许是空谈，使用严厉的刑罚才是制止恶习的有效方式。而之所以有这样的习俗，是有些人故意歪曲周公、挑剔孔子，把傲慢狂放视为超越世俗。

"德行""文章"并重的士人观

葛洪在《外篇·循本》中说："德行文学，君子之本也。"在《尚博》篇里，葛洪也提出"君子之本"就在于德行、文章二者都不可偏废："文章虽为德行之弟，未可呼为余事也。"在《逸民》篇中，他也有"德行学问之本"的表述。后来刘勰《文心雕龙》中"文以行立，行以文传"的观点，就是对葛洪主张的发挥。不过，葛洪在强调"文""道"并重的同时，更多地强调"文"在传道方面的重要性。《论语·先进第三》载："德行：颜渊、闵子骞、冉伯牛、仲弓。言语：宰我、子贡。政事：冉有、季路。文学：子游、子夏。"后人即将"德行、言语、政事、文学"称为"四科"，按其排序，"德行"第一，而文章屈居其末。故而曾有人对葛洪的专事著述（"文学"）之举表示了不屑："德行者，本也；文章者，末也。故四科之序，文不居上。然则著纸者，糟粕之余事；可传者，祭毕之刍狗。卑高之格，是可讥矣。"葛洪对这种观点的回答是："文可废而道未行，则不得无文……且文章之与德行，犹十尺之与一丈，谓之余事，未之闻也。""文之所在，虽且贵本不必便疏，末不必皆薄。"

在《应嘲》等篇目里，葛洪通过"鲁连射书以下聊城""韩信传檄而定千里"的例子，推崇文学的社会作用。因此，他在衡量文学作品时，更为看重的是文章的实用价值。葛洪也以这样的态度来看待自己的《抱朴子》等著作的写作。对于葛洪撰著的行为，当时有人表示很不理解："葛先生抱持真一固守正道，藏匿光芒于深渊之中，远离尘俗独来独往，超然而脱俗。意志坚定而心中无丝毫犹豫徘徊。本分已定，而胸间未被世事牵绊。老子把'道''德'放在首位，庄子将《逍遥游》列为第一篇，这样他们可以在九天上标举高格，在无涯的时空中展现美妙的业绩。先生您呢？品德高尚却不得任用，也没担任什么职务，却撰著了《君道》《臣节》这些篇章；不与世人交往，却作了讥讽世俗挽救天下生灵的论述；像杨朱那样吝其一毛，却著述了用兵打仗进攻退守之道；不追求为官晋爵，却也写了《审举》《穷达》这样的篇章。"面对这样的责难，葛洪强调说，人生的隐逸与显达，要靠时机，出仕与隐居在情理上是一致的，忧思与取乐都要合乎道，而这一切都与文章言论无关。那些有修养的人，是按照事物的具体情况而加以变通的。葛洪要强调的是，不论隐居与出仕，著书立说还在于对社会有益。他举例说，老子提倡无所作为，鬼谷子也在终生隐居，但是他们所写的书，谈论的都是社会上的事情。

葛洪认为，对君臣关系等有关国家治乱等问题进行论述，不一定要身居其位。对士人出仕与否的选择和"在其位，言其事"的行为准则，儒家经典中早有论述。《论语·卫灵公》中说："邦有道，则仕；邦无道，则可卷而怀之。"《论语·泰伯》引孔子语曰："不在其位，不谋其政。"（《论语·宪问》中亦有此语。）儒家这种主张的宗旨"欲各专一于其职"（清·刘宝楠《论语正义》），是儒家一贯的处世态度。曾子亦曾说："君子思不出其位。"（《论语·宪问》）后孟子又言"位卑而言高，罪也"（《孟子·万章下》）。儒家典籍《中庸》中也有"君子素其位而行，不愿乎其外""在上位不陵下，在下位不援上"等。葛洪的主张，打破了儒家的这种说教。在葛洪看来，议政不是达官贵族的权利，隐士著书立说就是他们表达自己政治态度的适当途径。隐士议政，葛洪将其归结为"与世变通"。在《正郭》中，葛洪通过对东汉末年名士郭泰的评价表达了类似的看法。

《正郭》的创作缘起，是葛洪的好朋友嵇含认为郭泰其人足以进入亚圣之列，葛洪不同意这样的观点，认为郭泰似乎只能算一个才能中等的人。为了证明自己的观点，葛洪还引用了诸葛恪、殷伯绪、周恭远等名士的一些相似看法。当然，葛洪没有否认郭泰的学识，承认郭泰才能出众，其议论也有过人之处，也很有天分，再加上机智善辩，风采出众，与一般人相比，确实有其不凡之处。但他的名声却言过其实，像嵇含拟之为亚圣，显然欠妥，而且郭泰也缺乏正确的自我估价。郭泰明明意识到身处乱世，当时的人们，除了陈蕃、窦武那些位列三公或刺史太守的人之外，就连那些宦官（葛洪称之为"六畜自寓耳"，即"寄身于牲畜之列"）也非常看重他，以其言论为是非标准，依他评论人物优劣的话作为定论来考评人物，他本来可以借其因清议获得的名声来做一些挽救危亡、移风易俗的事，但他却没有适应时局的变化，不能出类拔萃，在外不能辅佐天子治理百姓，在家不能尽力地挥笔写作，师法传授六经。葛洪指出，郭泰这样整天从东跑到西，忙碌得席不暇暖的，却一心向往像孔子、墨子那样为国家做事，看起来十分忧念国家，因此有人想把他比作孔子，这样的认识显然是荒谬的。郭泰为人的缺陷，在于他没有为朝廷推荐忠烈的文士，也未成功举荐能抵御外侮的武将，挫败接连不断的叛逆阴谋。国家处于危机之中，已经出现灭亡的征兆，而郭泰面对朝廷的衰敝，却养病于京城，招引宾客，聚集谈论，其才能足以提拔人才却没有举荐什么人才。为郭泰引来盛名的奔走不休的举动，在葛洪看来是他为人缺陷的根源。郭泰的清议行为，在葛洪看来，行而未远，没有挽救社会风气的衰落，也没有解除贤者的困顿，算不上君子之举：君子推行正道，其用意在于辅助君主和匡正时俗。郭泰之所以拒绝做官，不是因为自身的才能足以分辨是非，而是因为他意识到汉朝的危局已不可救药。最后，连向葛洪问难的人也不得不得出这样的结论：郭泰那样的人，充其量只能算作避乱的人，连一个彻底隐退的高士都算不上。

葛洪认为自己创立学说，目的在于辅助教化，而绝非迎合世俗而获取荣誉利益。《嘉遁》中，葛洪借助附势公子之口，不以怀冰先生的"乐饥衡门"（衡门，指简陋的居所）为非，而肯定他倡导退隐恬静以抑制世俗相互奔竞的风习，也赞许其著书立说辅助教化，写作文章讨奸伐逆，推举儒家教诲拯救孔子之后失传的精妙之言的行为。葛洪认为："君子开口动笔，必须戒除良知和悟性的被蒙蔽，整饬世人共有的倾颓邪恶，探究昏暗污秽的流荡。"（《应嘲》）就此，他阐述说，要匡正错误纠正过失，唤醒迷惘补察失误，就不能一味阿谀逢迎，驯顺诌媚，虚夸优点而隐匿丑恶，在撰述时，要心和口相一致。在《内篇·明本》中，葛洪就赞同司马迁"不虚美""不隐恶"，不人云亦云地迎合世俗。在同一篇章中，他在论述"道"难以得到世俗中人认同时曾说："因世上浅薄平庸的人太多，而见识高深的人又太少，少数战胜不了多数，这是由来已久的事了。……杂草丛生，灵芝难以显现于世间；灌木蔽野，参天大树就不得挺拔；沙粒无边无际，珠玉就会减少；鹰隼铺天盖地，鸾凤就会罕见；蛇虫遍布池沼，蛟龙就会难见。"当时的许多人，因顾虑应和的人少而抛弃《阳春白雪》这样的音乐，嫌难于售出而降低价值连城宝物的价格，对于这样的行为，葛洪持鄙弃的态度。

当然，葛洪也很清楚，自己那些语言犀利、讥评时俗的著述，不但不会被统治者听取采纳，从而播扬声誉、令人重视，而且极有可能使掌权的人憎恨，招致时人的打击排挤。对此，他表示，并不是自己不知道华词丽句能够讨得欢心，也不是不知道进上直言的艰难程度。但尽管有这样的意识，葛洪对于自己的论著，还是表示了"不忍违情曲笔，错滥真伪"的决心。葛洪相信，自己的撰述，虽因不合时宜而遭遇同时人的嘲笑和不理解，但总有发光的一天，后世总会有人赏识的，"冀知音之在后也"。同样的意思，在《内篇·序》及《黄白》中都有反映，前者曰："虽不足以藏名山石室，且欲缄之金匮，以示识者。其不可与言者，不令见也。贵使来世好长生者，有以释其惑，岂求信于不信者乎！"后者说："俗人多讥余好攻异端，谓予为趣欲强通天下之不可通者。余亦何为然哉！余若欲以此辈事，骋辞章于来世，则余所著《外篇》及杂文二百余卷，足以寄意于后代，不复须此……所以勤勤缀之于翰墨者，欲令将来好奇赏真之士，见余书而具论道之意耳。"《嘉遁》中，葛洪也肯定了怀冰先生的"谧清音则莫之或闻，掩辉藻则世不得睹"，怀冰先生虽见解高妙，但世人很难听到；能写出华美的文章，别人也看不到。葛洪在《逸民》中也表示，留名不一定非要仕宦，用毛笔就可以发泄郁结的怨恨，写就的篇章可以留名世间，从中可以看出东汉思想家王充对葛洪的影响。与此相关，葛洪还表现出对民间文学的重视，在《尚博》中，葛洪表示不应忽视"间陌之拙诗，军旅之鞠誓"，后来南朝梁代刘勰《文心雕龙》中的《谐隐》等，都有着葛洪观点的影子。

葛洪强调文章的经世致用功能，并在《应嘲》中对庄子、公孙龙等人的学说进行了抨击。对庄子的不满，葛洪列举了几点：言行自夸、游离于世事之外、众多的荒诞议论、喜爱描述鬼怪、贬损忠贞诋毁仁义，可以说，除了"言行自夸"和"喜爱描述鬼怪"之外，葛洪对庄子的批判，更多地着眼于庄子文章学说的远离现实，当然，一味驳斥庄子"喜爱描述鬼怪"，是葛洪的局限，因为庄子文章很重要的特色之一，即在于此。对于公孙龙形名之学，葛洪是在批评当时不良文风时提到的，他表示："如果著述者只是装点华丽的辞藻，铺陈一些不切实际的内容，撰写难于理解没有益处的文辞，修饰以华靡空洞的美丽词句，就如同公孙龙讨论坚与白、广与修的有关'形名'的论述。"对"形名"之学，葛洪作了以下概括："思路开阔至于天地之外，细致深入到了没有间隙的地方，可以立刻解开玉连环，把相同的东西看成不同的或把不同的看成相同的，认为飞鸟的影子不发生移动，鸡蛋是长脚的，狗可以是羊，大龟比蛇还要长。"在葛洪看来，公孙龙一类人的言论尽管高深胜过秋天的天空，但却"不可施也"。这与西汉扬雄及东汉桓谭、王充等人倡导文学"尚用"，强调文学创作应该为社会服务，有益于教化是一致的。王充在《论衡·自纪》中就曾说："为世用者，百篇无害；不为世用，一章无补。"其着眼点也是文章的社会功用。在《对作》中，王充再次表示："是故周道不弊，则民不文薄；民不文薄，《春秋》不作，杨、墨之学不乱传义，则孟子之传不造；韩国不小弱，法度不坏废，则韩非之书不为；高祖不辨得天下，马上之计未转，则陆贾之语不奏；众事不失实，凡论不坏乱，则桓谭之论不起。故夫贤圣之兴文也，起事不空为，因因不妄作；作有益于化，化有补于正。"依王充的看法，《春秋》、《孟子》、《韩非》、陆贾的《新书》等都是在一定社会条件下产生的，针对具体的社会问题作的，有着特定的原因和一定的政治目的。

　　当然，从魏晋之际"言意之辨"的大背景下去考察葛洪反对公孙龙言论的态度，可以看出，倡言"玄道"的葛洪持这种态度是非常自然的。"言意之辨"肇端于中国哲学原创建构的先秦时期，以社会治乱和终极关切为旨归，既缘起于《易传》作者对《周易》文本的解释，又缘起于所行之"道"被升华为形上本体之"道"及其语言的表达。从先秦一直到魏晋，"言意之辨"都直接地体现为"言不尽意论"与"言尽意论"两种观点之间的长期纷争。而"言尽意论"赖以立论的根据正是自先秦以来的"形名之学"的概念论，即名实之间的对应关系。而"言不尽意论"则是从"言"与"道"（"意"或"圣人之意")这一本体论层面上来立论的。以此立论，在"言不尽意论"者的视角范围内，在形而下的层面上，"言"固然可以"尽意"而且必须"尽意"，但在形而上的本体论的层面上则有"言""象"所不能"尽"之"意"，即"言外之意"和"象外之意"，而这是不能通过"辨名析理"的方法来实现的。魏晋时期"言不尽意论"的首倡者，正是"独好言道"的魏人荀粲。荀粲所言之道，与葛洪所言的玄道有所不同，但以葛洪道无所不在、无所不存的观点，则荀粲所言之道也是包含在葛洪所谓的"玄道"之内的，荀粲有关"言""意"等的论说，对葛洪有意无意地产生了一些影响。

知人善用的人才观

在人才选拔任用方面，葛洪提出了知人善任的观点，"无良辅而羡隆平者，未闻其有成也"（《贵贤》）。选贤任能的思想，是先秦时期的墨家的主要思想之一。墨子时期，世袭爵位的宗法制度尚未完全绝迹，出身下层的英杰贤才想要出人头地，非常不易，墨子非常反对世袭制，指出"尚贤"是治理此弊病的根本。墨子指出，世袭爵禄制度是产生"暴王""暴政"和造成国家动荡的根子所在，提出让所有具备才德的人参与到国家管理之中，而不在乎其是否为"农与工肆之人"。"农与工肆之人"，正是儒家眼中的所谓"小人"。知人善任的思想，在道教早期经典《太平经》中即有论述。葛洪师承郑隐，《内篇·遐览》中记载了郑隐珍藏的《太平经》。葛洪的思想，正是对墨子主张和《太平经》中有关观点的集成和发展。

葛洪所处的时代，正是门阀士族盛行的时代，任人看重出身，官吏选拔实行"九品中正制"，尽管表面上也标榜以才能分品，实际上门第高低是选拔人才的首要考虑因素。因此就形成了这样的局面：掌权者结党营私，不能选拔贤才。那些出身世家的权贵子弟，依靠家族权势，不学无术，虽酒囊饭袋之徒，照样可以平步青云，坐至公卿、轻取王侯，拥有显赫的地位。而很多出身寒门的富有真才实学的英才俊杰，却长期沉沦下僚，备遭压抑。东晋元帝时，熊远在向朝廷的上书中，就直截了当地指出了当时选官用人方面的种种弊端：重名望而不重视实际德行，不求才干而看重关系；举荐贤能不及寒门士族，法律准绳不能施用于高门权贵，所以有才干却于事无补，奸佞小人也得不到惩处，这样的局面如果继续延续下去，想要拯救世乱，是难上加难。有鉴于此，在《外篇》中的《官理》《务正》《贵贤》《任能》《钦士》《审举》《备阙》《擢才》《任命》《名实》《清鉴》《行品》《百里》《接疏》《汉过》《吴失》《刺骄》等篇章里，葛洪多次重申了知人善任的用人观点，代表了当时中小地主阶级的利益。

葛洪这一思想的着眼点，在于揭露用人问题的黑暗对社会现实造成的危害。在具体论述时，他用东汉末及三国吴国作为例证。对汉末卖官鬻爵的弊端和残害忠良的丑恶现实，葛洪都给予了无情的揭露和愤怒的痛斥，而更为严重的是，吴国的末世和汉末，虽然处在不同的时代，但社会弊端却是相同的，后世对于前代的失误没有丝毫改弦更张的意思，看到不久前因政治混乱引起的覆亡，却仍然重蹈前车之覆辙。尽管论述的是历史，但葛洪的强烈抨击无疑为朝政腐败不堪的晋王朝敲响了警钟。在《吴失》中，葛洪有感于自己生年较晚，为了使自己的说法取信于人，他引用老师郑隐的评述，对吴国末年任人唯亲和用人不当的现实进行了激烈的抨击："吴之晚世，尤剧之病，贤者不用，滓秽弃序，纪纲弛紊，吞舟多漏。贡举以厚货者在前，官人以党强者为右，匪富匪势，穷年无冀。德清行高者，怀英逸而抑沦；有财有力者，蹑云物以官跻。主昏于上，臣欺于下，不党不得，不竞不进，背公之俗弥剧，正直之道遂坏。……秉维之佐，牧民之吏，非母后之亲，则阿谄之人也。……或有不开律令之篇卷，而窃大理之位；不识几案之所置，而处机要之职；不知五经之名目，而飨儒官之禄；不闲尺纸之寒暑，而坐著作之地；笔不狂简，而受驳议之荣；低眉垂翼，而充奏劾之选；不辩人物之精粗，而委以品藻之政；不知三才之军势，而轩昂节盖之下；屡为奔北之辱将，而不失前锋之显号；不别菽麦之同异，而忝叨顾问之近任。"郑隐认为，吴国最大的问题是不能任用贤人，而那些奸邪小人却占据着官位，法纪纲常混乱松弛，选拔人才首先考虑多送贿赂的人，无才无势的人，终其一生也没有被选取的希望。结果贤者被压抑，而多行贿赂之人跻身高位，君主昏庸于上，臣子瞒骗于下，不结成党派就得不到官职，不奔竞就没有进职的机会，结果就造成执掌法度的辅佐之臣和治理百姓的官员，不是外戚，就是阿谀谄媚的小人；丝毫不懂律令的人，却窃取了大理卿的职位；对于文案工作一窍不通，却办理着机要密政；不了解五经的名目，却领取着儒官的俸禄；不明了著书立说的其中甘苦，却坐在著书修史的位置上；缺乏高远疏朗的笔法，却拥有善于作驳议的荣耀；为人低眉顺眼两臂下垂，却充任着监察弹劾的职位；辨别不出人物的精良低劣，却被委以品评等级层次的重要官职；不知道依据天时地利人和调动军队，却趾高气扬地居于伞盖之下，手持节符指挥着千军万马；屡战屡败，却一直享有先锋官的荣耀称号；连麦子和豆子都分辨不出，却充当着皇帝顾问这样的亲近重臣。

实际上，葛洪的知人善任思想，据其《应嘲》中"贵于助教""匡失弼违、醒迷补过"的宗旨，其立意还在于匡正时政。在《交际》中，葛洪对东汉末年因为礼制崩坏、道德混乱而引起的蝇营狗苟的不良风气表达了强烈的愤慨："往者汉季陵迟，皇辔不振，在公之义替，纷竞之俗成。以违时为清高，以救世为辱身，尊卑礼坏，大伦遂乱。在位之人，不务尽节，委本趋末，背实寻声。王事废者其誉美，奸过积者其功多。莫不飞轮兼策，星言假寐，冒寒触暑，以走权门，市虚华之名于秉势之口，买非分之位于卖官之家。或争所欲，还相屠灭。"国势衰微，皇权旁落，而为官之人却忙于沽名钓誉和争权夺利，国事混乱反而使他们的声誉日渐隆盛，大奸巨恶不断出现，他们的功劳反而更大。因此，纷争奔竞就不可避免了，奔走权门、市名卖官成为时尚，为了争夺想要的东西，有人甚至不惜杀人害命。

　　葛洪所处时代的世风，与汉末也有几分相似，这在《交际》中有所描述："庸俗之士，急切地想去攀附权贵以求登峰造极。芸芸众生在仕宦之途上驰骋奔走，不去努力地建立德行功业，致力于根本，求诸自身，而是偏私屈从、夤缘巴结以结成集团，认为这就是人世间的至理，把那些山岳一般屹立而不结党营私的人，当作是笨拙而不切实际的；摆出一副奴才表情，有着婢女眼神的人，被看成是了解当时社会的人。风气已经形成，无人不追逐末节，流荡逃避追逐末流。""有很多人低声下气表情和悦，趴在地上匍匐而行，请求和那些权势之人交往，真悲哀啊！"对于当时的士风，葛洪在《疾谬》和《刺骄》篇中也有极为传神的刻画：那些放达之士，"盛务唯在摴蒲弹棋，所论极于声色之间，举足不离绮襦纨袴之侧，游步不去势利酒客之门。不闻清谈讲道之言，专以丑辞嘲弄为先，以如此者为高远，以不尔者为骏野"。（《疾谬》）沉迷声色、行为语言丑陋不堪的人，反而认为自己的作为是高远之举，而将不如此行事的人看作是迟钝粗野的，然而他们一旦"因缘运会，超越不次；毛成翼长，蝉蜕泉壤"，就不可一世起来，"便自轩昂，目不步足，器满意得，视人犹芥"。其实，那些因时代的原因而时来运转的宵小之徒，在葛洪的眼中不过是"胸中无一纸之诵，所识不过酒炙之事。所谓傲很明德，即聋从昧，冒于货财，贪于饮食，左生所载，不才之子也""终日无及义之

言，彻夜无箴规之益"。（《疾谬》）面对这样的社会现实，葛洪表示了极大的愤慨："我只恨自己没有身在其位，手中也没有权利，没办法为国家把这些人品污浊行为肮脏之徒流放驱逐到边远地区……即使他们的势力足以移动高山和大海，吹一口气就可以让泥象登上云端，但要说到去他们家，我还没有那个闲工夫。"

士风的好坏直接影响着国家治理的好坏，因此，君主如何用人和任用什么样的人就显得尤为重要了。葛洪在《贵贤》中指出，君主能否将国家治理好的关键，在于是否知人善任。而只要在朝廷里有一批贤才辅佐君主，就不愁国家治理不好，天下太平也就为期不远了。也因贤才辅佐的关系，国君即使恣意妄为，社稷也不致败亡。在《嘉遁》中，葛洪将豪杰比喻为舟楫，指出儒家推崇的一些明君中，没有不依靠贤人作为自己的羽翼而获得天下的，如唐尧建立了巍如高山的伟大事业，虞舜以身作则无为而治，周文王天下三分据其二，周武王进行变革以顺天命，齐桓晋文匡正整个天下，汉高祖顺遂天意等，莫不如此。因而，《贵贤》中说："招贤用才，人主之要务也。"人主任用贤能，做不到"至公无私"也不行："用人不得其人，其故无他也，在乎至公之情不行，而任私之意不违也。"（《百里》）因此，人臣政治才能的发挥主要取决于君主的清明或昏庸，《时难》中谈到了这个问题："尽忠孝之节而不归隐，不难做到，但想使自己既身心平安，意见也为君王完全采纳，就需要等待时机。君王周围的奸邪凶险之人太多了，有时你进献了长生之术，反而立刻招致死罪，进献安上之计，很快就有危身之祸，况且贤人的意见昏君未必听得进去，听不进去也不要紧，要命的是反过来再迫害你。历来良时难逢，明君难遇，吕尚那样的人，身怀王佐之器，具不世之才，垂老之年尚垂钓渭滨，要不是碰见周文王，最终也会老死民间。"

在《名实》篇里，葛洪指出，如果君主无法用他们的眼光找到那些隐逸的贤士，那么就一定要那些执掌大权的人兼具慧眼，识别人才。但是实际情况并非如此，前代那些专权的人，他们所提拔的都是依附他们的人，荐举人首先考虑的都是那些有利于他们的人，诋毁他们畏惧的人而晋升他们所喜欢的，而他们所畏惧的正是最出于公心的人，所喜欢的却是谋求私利的人。此外，那些大贤者往往外貌粗拙而志存高远，面目肮脏、表现迟钝而德行雅洁，生活凄清但自觉满足，处世淡泊但自己并不觉得，世上了解他们的人哪怕再少，他们也不会感到郁闷，宁愿受冻挨饿也不苟且而生，绝不会弯腰低眉去获取他们所需的一切。在社会生活中，贤者拒绝交往位尊而品行很差的人，疏远那些名声与实际相违背的人，不参与平庸的言谈和琐细的论辩；他们遵从的东西，人们可以听到但不能完全了解，他们所坚守的精神，一般人能够看见但不能参与讨论。这样的结果就使得恨他们的人，怒目而视、异口同声地诋毁他们。那些德薄位尊者，白白享用公家俸禄而不知恪尽职守，由此导致国家混乱不堪，上下失序，纲纪不立。君王任用这样的臣子执政，最终的结果是有的尸体腐烂而无人收葬，有的四处逃窜而最终自杀，有的被抽筋悬挂于祖庙的房梁上，有的在宫殿中丧命，这一切都是因为选拔的不是真正的人才，而那些忠诚贤明之辈得不到任用。在这篇文章中，葛洪还对圣明的君主在任用人才方面的一些明智之举加以肯定：勤于招纳贤才，急切地提拔出色的人才；疏通阻滞士人仕途的通道；如果觉得人才缺失而某人堪以任用，就不考虑他是屠者渔夫或戍边的士卒。因此，有人从低贱的地位上得到提拔，位居众官之上，有的人被从桎梏中解救出来，并成为社稷之臣。有了以上的用人之策，君主们能够成就功业，开疆拓土，臣服远方，进而奠定功勋，使基业长久流传。相反，如果执政者忽视出色的人才，无异于弓箭的材料是荆棘，却还想追上古代高明的射手；驾驭着驽马，却还想接继古代善驾者的视野；放下斧子不用，却还想与鲁班、墨子比赛工巧，是无从谈起的。

葛洪在《君道》篇里，专门论述了知人善任的思想，知人和善任，二者密不可分，知人是善任的前提，没有知人，善任就无从谈起，而知人并不是很容易的事情。在知人方面，葛洪是颇为用心的，在《行品》中，他将人分为"善人"和"恶者"两大类，在"善人"下，列举了圣、贤、道、孝、仁、忠、明、智、达、雅、重（zhòng，慎重）、清（高洁）、义、信、文、武（勇武）、儒、益（追求进步）、廉、贞、笃、节、辩、谦、顺、干（干练）、理（思维有条理性）、术（懂得道术）、勇、严（严厉执掌法度）、艺、黠（坚强）、勤、劲（坚韧）、果（果断）、谨、良（善良）、朴三十八种人，相应的，"恶者"的类型则有下（不追随善人之迹）、悖、逆、凶、恶、虐、谗、佞（能说会道）、暴、奸、诌、虚、贪、淫、暗（糊涂）、损、劣、弊（巴结逢迎）、邪、悍、怯（懦弱）、浅、顽（愚妄）、惑、薄（薄情）、妒、吝、愚、小、迷（沉迷）、奢、荒、懒、轻（轻率）、秽、笨、蔽、乱、拙、愿（邪恶）、骄、荡（浪荡）、判、伪、刺四十五种人。对于用人者，葛洪提出，要知人，要识别贤才，他们自己应该具备远见卓识，否则，识别贤才就无从谈及，当然这也与识人之难有关，《行品》中指出，事物的表面常常相似而实质不同，见到外貌就得知内心，恐怕圣人都很难做到。在《正郭》《审举》篇中，葛洪阐述了以下看法：真正具有知人之明，连尧舜那样的圣人都认为是件难事，圣明如孔子，也认为自己做不到。圣人们的眼光高明得堪比日月，可以洞察一个人的过去并预见他的未来，即使这样，也会有错失，不可能每次都正确；与圣人相比，一般的人要识别贤才就难乎其难了。《交际》篇中，葛洪再次表示："知人之明，上圣所难。"《外篇·自叙》中，葛洪论述结交朋友"须清澄详悉"时，曾表示："洪以为知人甚未易，上圣之所难。"这种思想，在三国时魏国刘邵的《人物志》中已经有所反映，其《序》中表示："莫贵乎知人。""知人诚智，则众材得其序，而庶绩之业兴矣。"认为圣贤的美德莫过于知人，而知人识才、量才而用是事业兴旺发达的重要标志。

在《名实》中，葛洪又表明了如下观点：贤能的人一直很少而愚蠢的人太多，愚蠢的人多了，就会互相勾结，将缺点隐藏起来，而贤人人数少，势单力薄无人援引。巧言令色者互相提拔阻塞了正当的仕途，英彦之士身居下位自然不被了解，而身居高位者却不知谦退。连著名的孔孟二人都曾经遭到过驱逐和诽谤，何况别的贤士呢？

葛洪认为，人的才能本领不容易被了解。在《行品》中，葛洪又列举了十个区分臧否、分辨真伪的难题：一是人的才干不容易识别，在表面上有时很相似，有些人仪表庄重如龙似虎，周旋进退符合礼仪之规，但内心壅蔽精神闭塞，胜任不了任何事情；二是人的外表与其实际才干往往脱节，有的士人外貌矮小丑陋，说话像女人一样有气无力，动作迟钝笨拙，但他们却满腹学问，熟悉经典，行为高洁，写出的文章很优美，为文官处事顺利，做武将战无不胜；三是有的人智谋深邃、韬略出神入化，但才能有所欠缺，也就与庸常的人没有差别；四是有的士人谈吐清锐，广征博引，但他们言行不一，长于识古，却昧于治理当下的事务，让他们当政，政治混乱不堪，让他们治理老百姓，老百姓怨声四起；五是有的士人外表恭顺，语言谨慎，心神却疏忽简慢，这样的人一旦接受任命就心怀忧惧，居其位却不能行使治理之责；六是有的人空怀一身绝技，身手敏捷却思虑短浅、内心怯懦，没有对手时表现一流，但一旦应战就难以奏效，望见尘土飞扬就后退逃跑，风闻敌人到来就丧魂失魄；七是有的人不善言语，外貌朴拙，为人拘谨，行为局促，做事时在小节上总有缺漏，别人冒犯时也不计较，但这种人心存刚直，不畏豪强，对正义的事业视死如归，即使被肢解，也不改变操守；八是有的士人在别的方面没有瑕疵，但却很难把握机会。他们孝顺父母、善待兄弟，安于贫困，志向高洁，做事循规蹈矩，但他们做事舒缓迟钝，不了解事情的要领，机会到来也不采取行动，所以很少成功；九是有的人行出己意，为人放荡不羁，轻慢世俗，这样就招致了那些结党之徒的排斥攻击，朋友们也不趋附他们，品评铨选的官员也把他们晾在一边，然而这样的人如果立于朝廷就会严肃认真，知道的事没有不去做的，忠心地侍奉君主，严明地统摄部下；十是有的士人缺乏变通权宜的本领，他们虚怀若谷，温和恭敬，勤劳谦逊，救助危难，诚实守信，但一味善良而昧于权变，仁德却缺乏果断，不能赏善罚恶，执法犹豫不决，废弃刑罚并效法错误的榜样，曲直混杂，最终导致了失败。另外，葛洪还意识到人是发展变化的，有些人最初正派而最终变得邪恶。因此，葛洪主张，用人取士、举荐亲近的人、结交朋友，绝不能马马虎虎选择，要认认真真进行考察。

葛洪认为，如果仅凭眼睛看和耳朵听来判断人是不够的，要全面地了解人。在《清鉴》篇中，葛洪提出，要精心细致地审察选拔人、循序渐进地任用人，这是因为，如果轻易地给予大权，要想收回就很困难，损失也很多，判断一个人是否可用不能以是否与自己一致为标准。对葛洪的观点，有人提出了质疑，用范蠡泛舟五湖离开勾践、周文王以吕尚为师作为例子，说明识人的容易；再说，郭泰充其量只具备中人之资，尚且能鉴别了解人，先后结交了李膺等人，所以验证一个人的善恶，是一件很容易的事情。面对这样的辩驳，葛洪表示，自己不否认人是完全能了解的，只是这种方法只由最为圣明的人掌握，而非一般人认为的那样容易；再有，对方列举了以人的外貌来探究人的精神的例子，葛洪认为这些例证没有抓住事情的根本，恐怕有失于识人的基本宗旨。再进一步说，郭泰所说的话，有能言中某些事的，都是很容易识别的，而他说错的，人们并没有记录下来。从这一点说，郭泰并不比以下这些圣人高明：唐尧能考定古代之事但曾失于用人，周公恭敬明察但也荒谬地授人官职，孔子能预测未来之事，但却因以貌取人而忽略了澹台灭明，吴公子季札能清楚地辨明古代曲子，却无视近在咫尺的高逸之士。

在《擢才》篇，葛洪又进一步论述说："华章藻蔚，非蒙瞍所玩；英逸之才，非浅短所识。夫瞻视不能接物，则衮龙与素褐同价矣；聪鉴不足相涉，则俊民与庸夫一概矣。眼不见，则美不入神焉；莫之与，则伤之者至焉。"意思是说："再华美灿烂的花纹，目盲的人也无法欣赏；而出类拔萃的人才，又岂是那些目光短浅的庸夫所能识别。仅仅观察而不去触摸他的表面，龙袍与粗布麻衣价值就没有什么分别；不加以分辨，出色的人也就混同于芸芸众生了。眼睛没看见，那么内心就不会感知到美；援助乏人，损伤就会来到。"再说，爱好和憎恶古今有所不同，时代推移，风俗也随着改易。同样的东西也就有了不同的价值。在《清鉴》里，葛洪表示："一个人行为的可贵之处，在于从无名的人中发现出色的人才，从山间的羊肠小道上辨别出骏马，从九重深潭之中捡出有珍珠的蚌。"同样，在《名实》篇里，葛洪表示："把玄黎宝玉丢弃在污泥当中，并非其夜间发光不是真的，是因为没有人识别它；把彤弓卢弓扔掉而不拉动它，不是良弓不够强劲，是因为没有人赏识它。""飞菟骏马等到子豫驾驭才能像狂风一样奔腾，出色的人才遇到知己的君主才能发挥出能力"，而"美玉不从深深的洞穴中出来，良弓不能穿透百层铠甲，骏马不能驾驶红漆的车子，闻名于世的贤人不能获得高爵权位"，原因在于"他们没有遇到识货的人，也不能和瓦片石头掺杂在一起，和朽烂的木头同样低贱，和下等的马匹排在一块，与平庸低贱的人被同样看待"。《嘉遁》中，葛洪又通过附势公子之口表达了以下观点：空阔的山谷中有放荡不羁的骏马，是相马者伯乐的耻辱；太平盛世忽略了盖世英才，是鉴别铨选人才者的失职。虽然葛洪在文章中不同意怀冰先生辩驳的观点，但以上附势公子"慨然而叹"的内容表明葛洪对此是赞同的。后来唐人韩愈在《马说》里以伯乐与千里马的关系来比喻识人的不易，正是这种思想的延续。

葛洪进一步指出，识别贤才时，避免个人的固有成见也很重要，不可以世俗的好恶标准来识别人才，同时要避免以貌取人，不能局限于表面现象。判定一个人，要看他的本质和主流。社会的复杂决定了贤才处境的艰难。因此，葛洪认为，识别贤才，还必须辨明奸佞之徒对于人才的诽谤和诬陷。在《擢才》篇里，葛洪提到，那些胸怀博大，力行正道的儒生，他们的信仰和内涵，远非那些短视者和浅薄局促者所能理解，历史上的曾参、巢父、许由等人，尚且不能避免因蒙受不洁之名而遭到诽谤和攻击，何况很多高洁之士隐居于深山老林之中，遇见知音的机会微乎其微。

识别人才还是第一步，更重要的在于任用人才。葛洪总结归纳了几点措施：他认为人都是既有优点也有缺点的，善用人者应该用人之长，避其所短，不能因其所短而废其所长。任用人才，还要求用人者大胆选拔那些幽处隐居的缺乏援引机会的疏贱之人，坚决罢免那些阿谀逢迎而又尸位素餐的低能或无能的亲信左右，对于那些结成朋党而互相串联以构陷和堵塞下位的一些真才实干之士的行为，要特别注意，严加防范。和举荐人才一样，任用人才必须公正无私，用人得当，必须不徇私情，杜绝人情和走后门之风，切忌以出身门第衡量人才，严格按照德才兼备的标准任用人才。

同时，葛洪在《审举》中还指出了用人不当产生的根源及其治理对策：负责选举的官吏出于个人目的常常破坏选举规则，在选举过程中买卖人情，培植扩张个人势力，更有甚者，接受别人的贿赂，选拔一些不学无术、才德低下甚至为非作歹的人。要杜绝这种情况发生，就必须严格遵章守法，对被举荐者进行严密详细的考察或考试，一旦发现举荐任用过程中有人情受贿而被举荐者有不称职的事情，选拔者与被举荐者都应该受到惩罚。

对于铨选人才的考试，葛洪也发表了自己的见解。在《审举》中，葛洪强调考试是选拔秀才、孝廉的必经途径，认为试经对策之法，一则可以"防其所对之奸"，纠正营私舞弊的不正之风；二则可以培养士子们如切如磋，砥砺好学的学风，其中云："今若遐迩一例，明考课试，必多负笈千里以寻访师友，转其礼赂之费，以买记籍者。"又说："试经法立，则天下可不立学官而人勤自学。"对于考试的具体办法，葛洪强调应实行闭卷考试，"殿中封闭，临试之时亟试之。当答策者，皆会著一处，高选台省之官，亲监督之，又严禁其交关出入，毕事乃遣"。这些见解的实施，可以有效消除人才选拔过程中的弊端。葛洪的这些看法，对当时重门第而轻才能的选举之制无疑是当头一棒，具有极强的针对性。

对鲍敬言"无君论"的批判

两晋之际的鲍敬言，以无君论著称于世，其生平事迹不详，从葛洪《抱扑子·外篇》卷六十八《诘鲍》中的零星资料，可推知其大约生活于葛洪同时或稍前，萧萐父、李锦全主编的《中国哲学史纲要》中定其生卒年为约 278～342，未详其源。《诘鲍》说他"贵上古无君之论"，成为我们今天了解鲍敬言生平及其学术思想仅有的文献。鲍敬言"好老庄之书，治剧辩（善辩、雄辩）之言"，在政治思想上主张无君论。他的无君论主张，是对魏晋玄学中嵇康、阮籍等的崇尚自然、否定违背自然的尊卑等级制度思想的发展，"古者无君，胜于今世"是其核心。任重在《论鲍敬言无政府主义思想产生的社会历史背景》中尊奉鲍敬言是"反君主专制主义者，也是中国乃至世界史上无政府主义的鼻祖"。孙叔平在《中国哲学史稿》中对葛洪与鲍敬言的思想有以下评述："如果说葛洪是利用了道家学说的糟粕的话，鲍敬言则发展了道家思想中仅有的合理的因素。"姑不论孙叔平对于二人思想的概括准确与否，但指明二人思想的对立，其眼光还是非常犀利的。

鲍敬言对君主制的批判，是针对当时门阀势力大盛，政治黑暗的现实而发的。传统的儒家观点认为，君臣关系的产生主要有两个方面的原因，一是其来源于天地自然，天地自然存在着尊卑的差别；二是其来源于"天生圣人"、为民除暴的事实。葛洪就主张"王者妃妾之数，圣人之所之也"（《诘鲍》），意思就是说帝王嫔妃的数目，是圣人定的。针对儒家的上述两点看法，鲍敬言首先指出，自然界本身是没有尊卑等级的，天地和自然界的万事万物，都是由阴阳二气化而生成的，都有其本性，各安其位。人民只要丰衣足食、安居乐业，与别人没有利益的纷争，就不会产生利益冲突。因此，远古之世的社会就成了他心目中社会统治秩序的理想模型。他指出，远古之世，人群本无尊卑，他们"穿井而饮，耕田而食，日出而作，日入而息"，人人都过着平等幸福的生活。后来，强弱、愚智的分化导致奴役、压迫关系的出现，便产生了尊卑之别，人们地位之间的不平等，最终导致了"君臣之道"的形成。无道的君主每个朝代都有，他们肆意而行，胡作非为，忠臣良将被杀害在朝廷之上，百姓抛尸露骨在荒郊野外。君主为什么能这样呢？其原因就在于他们是君主。所有这一切，在鲍敬言的眼中，既非天意，亦非民愿，儒家所谓"天生民而树之君"也就是欺人之谈了。总而言之，人君是祸害，只要人君存在，祸害就无从避免。

君臣之道建立后，接踵而来的就是民众无休无止的苦难。统治者骄奢淫逸，欲壑难填，过分追求饮食、服饰、宫殿、声色，是民众苦难的直接根源，老百姓的流血流汗最终换来的是君主对于奢侈生活的追求。君主给人们带来了苦难，自然激起了人们的反抗，导致了社会的动荡不安。对于君王的穷奢极欲，鲍敬言作了极为形象的描述：君王的仓库里堆满了财物，连台榭都要用玩物装饰起来，吃饭也很讲究排场，通常要摆一丈见方，衣服上装饰着龙的纹饰；宫内聚集了很多不能嫁人的女子，民间却有很多独身的男子；君王还热衷于收集难得的珠宝，珍藏稀奇古怪的东西，制造没有用处的器物，放纵着没有边际的欲望；百官齐备，白白消耗了老百姓的供奉，积存大量的丝绸粮食，使得老百姓衣食匮乏，忍饥挨饿。另外，老百姓还要供养那些吃白饭的禁军。老百姓自己缺吃少穿，还要上缴赋税，再加上沉重的劳役，实在忍受不了，以致铤而走险。对此，统治者如履薄冰，担心害怕灾祸的到来。而为了压制民众的反抗，他们千方百计给那些有智有用的人高官厚禄，以求为其所用；害怕奸诈不轨的事情不能防范而发生，统治者加厚城墙，挖深城河。殊不知，这样做的后果是，官员的优厚俸禄使老百姓更加穷困，高城深池需要消耗大量的人力并使攻城手段更加巧妙。统治者之间为了一己私利，还不断挑起纷争杀伐，把本无仇恨之心的百姓拉上战场，攻击没有罪过的国家。

对鲍敬言的上述观点，葛洪作了针锋相对的驳斥，他的观点多来自儒家学说和儒家经典。如鲍敬言认为，帝王后宫中充斥着不能自由嫁娶的女子，导致了别的男子的独身。而葛洪觉得帝王广纳嫔妃是合乎天意的，并不仅仅是顺从君王的感情、满足他们的私欲。他进一步阐述了立论的理由：后宫之所以嫔妃众多，是以此辅佐皇后，燮理阴阳，崇奉祖庙，虔诚地辅助重大的祭祀，供给君王衣帽，使其子孙昌盛；再说，依照《周礼》中有关九州的记载以及《汉书·地理志》中的说法，天下女子的数目多于男子，帝王的做法，又怎么会威胁到正当嫁娶的人呢？有关这一点，先圣周公似乎已经考虑得很周详了。葛洪驳斥鲍敬言，是对"必无君乎"的诘难。虽然对于鲍敬言对超限的选用制度、不合实际的抽取税收、过度的饮食消耗等的指责，葛洪还是接受的，但他认为这不足以成为"无君"的借口。对此，葛洪也列举了"无君"的后果。国君哪一天起床晚了，事情就有安排不妥当的地方，就像追猎鹿群而没有看向导指路而盲目进入林中，怎么会有个终了？同样，失去了宗法统领，君子就失去了信仰和依靠，而凶恶的人会各遂其愿。就此，葛洪打了一个比方：网眼稀疏且有漏洞，但并不能因此就废弃网的使用。相应的，不能因为夏桀、商纣的暴虐，就想不要君主。对鲍敬言的君王只要谨慎用事，比如坐着打盹等待天亮，太阳落山才开饭的观点，葛洪加以认可。他表示，君王真能像鲍敬言说的那样规避灾祸的危险，就是圣明的。他也看出了帝王们的一些常犯的毛病，如一味骄横和奢侈，贤者不用，而任用的人不贤能。比如夏桀把自己比作太阳，而秦始皇关心的则是千秋万代为一姓所有，最终导致灭亡，遭到后人的耻笑。在避免灾祸和危险方面，葛洪认识到小心谨慎就能按部就班地延续正常的人伦关系，怠惰荒疏就会产生作奸犯科。因而，在这个问题上，他提出了自己的一些建议，比如君王应该抱有畏惧心理，早晚保持警惕之心，广泛接受别人的规劝，不耻下问地向樵夫征询意见并乐于听取，奉养老者并征求他们的看法。做到了以上几点，就不会忧虑国家大事的不顺利，宰相的治理无方。不管怎么说，葛洪认为，没有君主就会引起混乱。

葛洪一贯持有"今胜于昔"的观点。在《诘鲍》中，葛洪针对鲍敬言基于"古者无君，胜于今世"的无君说，再一次阐明了自己的进化论思想。葛洪认为，自然天地有着开辟定位的形成演变过程，人类社会也经历了一个由蒙昧而逐步走向文明的历史阶段，从这个角度讲，社会是进步的。葛洪对古代圣贤很为推崇，但对圣贤们留下的典籍却不以为然，颇受庄子《轮扁》的影响。《内篇·祛惑》说："五经四部，都像陈旧的草扎成的用来祭祀的刍狗，或者已经过时的酿酒所剩的酒糟。所谓‘迹’，是脚印出来的而并非脚。所谓‘书’，是圣人所著而并非圣人。”在《外篇·钧世》篇，葛洪还表达了“今胜于古”的文学主张。不仅如此，葛洪还强调应根据现实情况采取一些措施，改革一些古代流传下来的不适合当今社会发展的东西。葛洪非常重视礼在社会生活中的重要作用，但在《省烦》里，他坚决主张删减古代礼乐及其繁文缛节，如：“人伦虽以有礼为贵，但当令足以叙等威而表情敬，何在乎升降揖让之繁重，拜起俯伏之无已耶！”“夫三王不相沿乐，五帝不相袭礼，而其移风易俗，安上治民一也。或革或因，损益怀善，何必当乘船以登山，策马以涉川，被甲以升庙堂，重裘以当隆暑乎！若谓古事终不可变，则棺椁不当代薪埋，衣裳不宜改裸袒矣。”

　　有感于“昔以隐居求志为高士，今以山林之儒为不肖”的现实，葛洪深知“爱憎好恶，古今不均；时移俗易，物同价异”（《擢才》），因此他提出“时移世改，理自然也”，认为社会是不断向前发展的，而反映社会现实的文学，在内容和形式方面，自然也应随着社会发展和变化，唯其如此，才能适应社会发展的需要，这正是他“今胜于古”文学主张的立论基础。在葛洪看来，时人郭璞的《南郊赋》要超过《诗经》中的《清庙》《云汉》篇，夏侯湛、潘岳的《补亡诗》也非《诗经》能及。当然，郭璞是一个好道之人，这也可能是葛洪欣赏郭璞的一个原因。而高度评价夏侯、潘二人的《补亡诗》，后世鲜有附和其观点者，这也许反映出葛洪观点的偏颇之处，即未曾注意到文学的独特个性就在于内容与形式的高度统一。但葛洪的理论，也有其意义所在，就是“不脱西晋气息”，也就是说在文学技巧方面对《诗经》有所发展，这也是对儒家贵古贱今之说的一个反正，是文学进化观的具体体现。

　　作为那个时代著名的子书，《外篇》基本上体现出了葛洪“不忍伪情曲笔，错滥真伪”的创作态度，体现出他不惧怕招致当权者的憎恶从而被时代抛弃的大无畏精神，以及作者企图凭借苦言直词来抨击不良世俗的良苦用心。同时，《外篇》也代表着葛洪本人的文学观点、语体特征，同样也反映出强烈的时代文学思想和创作特色。葛洪所处的两晋时期，骈体文已颇为流行，《外篇》就体现出明显的骈体文气息，对此，前人评价不一，贬斥者如清李慈铭在《受礼庐日记》中评其为"东晋文章最下者"，钮树玉在《匪石先生文集·读抱朴子》中则从"文变染乎世情"的角度指出了《外篇》风格方面的不足："至于文词雕琢，华多实少，则六朝之所尚。甚矣，风气之足以囿人也。"

第3章

道教名著——《抱朴子·内篇》

《内篇》的内容及成就简述

奠定葛洪在中国文化史、道教思想史上崇高地位的，是他的《抱朴子·内篇》。中国古代的"方技"四门（医经、经方、神仙、房中）中，葛洪在神仙术、房中术方面都有过深入的研究，并取得了可观的成就，这些在《内篇》中都有较为集中的论述。

葛洪的《内篇》，今存二十篇（不包括《序》）。每篇一卷，《旧唐书·经籍志》及历代各家书目皆录作二十卷，《隋书·经籍志》作二十一卷，《新唐书·艺文志》则录十卷。《内篇》后收入《正统道藏》第868～870册中。其注本有梁陶弘景的《抱朴子注》二十卷，清孙星衍平津馆刊本《抱朴子内篇》，近人罗振玉《敦煌石室本抱朴子残卷校记》。在当代，以王明的《抱朴子内篇校释》最为有名，参校了多种传本加以考订。其他尚有张清华主编的《道经精华丛书》本，刘振亚、陈自力译注的《抱朴子内篇》，顾久的《抱朴子内篇全译》《抱朴子内篇今译》（选译）等。清人严可均据《北堂书钞》《太平御览》等书辑《内篇》佚文数条，收入《全晋文》卷一百一十七和《铁桥漫稿》卷六。

《内篇》的创作动机与宗旨，主要反映在《内篇·序》及《内篇·黄白》中，其中说："考览奇书，既不少矣，率多隐语，难可卒解。自非至精，不能寻究，自非笃勤，不能悉见也。道士渊博洽闻者寡，而意断妄说者众。至于时有好事者，欲有所修为，仓卒不知所从，而意之所疑，又无可谘问。今为此书，粗举长生之理，甚至妙者，不得宣之于翰墨。盖麤言较略，以示一隅。冀悱愤之徒省之，可以思过半矣，岂为暗塞必能穷微畅远乎！聊论其所先举耳。"（《序》）"且此内篇，皆直语耳，无藻饰也。余又知论此曹事，世人莫不呼为迂阔不急，未若论俗间切近之理，可以合众心也。然余所以不能已于斯事，知其不入世人之听，而犹论著之者，诚见其效验，又所承授之师非妄言者。而余贫苦无财力，又遭多难之运，有不已之无赖，兼以道路梗塞，药物不可得，竟不遑合作之。余今告人言，我晓作金银，而躬自饥寒，何异自不能行，而卖治躄之药，求人信之，诚不可得。然理有不如意，亦不可以一概断也。"《黄白》概括言之，葛洪著《抱朴子》，是因为之前的道书多而杂，求道者往往没有那么大的精力将其全部收集并通读，即使得以通读，也因其各执一术而感觉无所适从，难得撰著要领。再有，论述神仙道教的道书，多用隐语写成，晦涩难懂，道士们又多臆断妄说。另外，前文已经提及，当时流行的巫祝之术常常以邪门杂技敛财惑众。鉴于以上原因，再加上葛洪曾勤检神仙方术的效验，又得名师的指点，广泛涉猎一般道士难以目睹的奇书，所以撰写《抱朴子》，是为了阐明"长生之理"，全面地从理论和实践上讲明如何成仙，为修道者提供一本不用隐语写成的道书，大致点明长生久视之途，便于求道者步入仙道之门，驳斥那些不信仙道，而且对其大加毁谤的谬说，最终辨明道意。

《内篇》论述道之本体、儒道关系、神仙方药、炼丹延年、禳灾却病、游山玩水等事，另外还介绍了道教的一些典籍，被后人称为"小道藏"。其中《金丹》《黄白》《仙药》三卷专讲炼丹之事。根据葛洪的自述，其内容"属道家"。葛洪所言的"道家"，有异于先秦和汉初的道家学派，是汉末神仙方士的黄老道。清人方维甸《校刊抱朴子内篇序》云："《抱朴子内篇》，古之神仙家言也。虽自以《内篇》属之道家，然所举仙经神符，多至二百八十二种，绝无道家诸子。且谓老子泛论较略，庄子、文子、关尹喜之徒，祖述黄老，永无至言，去神仙千亿里。寻其旨趣，与道家判然不同。"

早在战国时代，已出现道教神仙信仰，起初方士们只是宣扬神山仙岛，游售其高深莫测的方术。安期生、彭祖一类的神仙传说，并未形成理论，一直到西晋，道教尚未确立理论性较强的道教理论体系。有学者认为，在中国南方，葛洪、陆修静、陶弘景等人的宗教活动，再加上北方寇谦之的宗教改革，是中国道教形成的标志。这样的观点，与传统的观点有所不同。传统的思路是找出与道教相关的具体事件或社会现象，将其作为道教形成的坐标，因此，东汉末年的太平道和五斗米道自然就成了道教产生之始。宗教要想长久延续，必须具备较为系统的经典义理、崇拜谱系、程式方法与组织形式，这些看法是在魏晋以后逐渐形成的，在此过程中，葛洪是最早的奠基者。正是在葛洪的手里，道教的经典、程式、谱系、组织得以完备。早在南北朝时期，葛洪已与"三张"（张陵、张衡、张鲁）齐名，葛洪、葛玄连同"三张"为代表的道教传承系统被认为是陆修静之前中国道教的正宗，南齐时期齐高祖的《废道法诏》中就说："昔金陵道士陆修静者，道门之望。在宋齐两代，祖述三张，弘衍二葛。"（引自唐释道宣《广弘明集》卷四）葛洪道教思想中的相关方面，对唐代诗人李白、宋代文学家苏轼等人的人生观念以及文学创作都有着相当的影响，王利器在《葛洪论》里有较为周密详细的论述。

道教逐渐形成的长生久视的神仙理论，与道教奉为真人的庄子的齐生死学说是对立的。葛洪认识到道家崇奉的老庄等人的思想，一方面对于他所提倡的长生理论有有利的一面，而另一方面也有不利之处。与葛洪同时代的道教徒们对于道教经典、程式等方面的规范也多有失职之处。基于此，葛洪通过对道教自身文化品质、伦理道德、行为规范的自省与批评，提升了道教的文化品格，使道教的相关理论与实践得到整合与清理，显示了道教对传统道德与世俗伦理的认同。"无论从其教理或修炼方术来看，他（葛洪）都是从旧天师道、太平道等早期民间道派向后来的上清、灵宝等上层化道派过渡的桥梁。"（卿希泰主编，《中国道教史》第一卷）葛洪对道教理论与实践的清理与整合，就集中反映在《内篇》中。

在《内篇》中，葛洪继承了魏伯阳等人的炼丹理论，对战国以来神仙家的炼丹理论进行了系统性的总结，从此确立了道教神仙的理论体系，可谓集魏晋炼丹术大成之作，也标志着中国道教思维方式发展到了一个新的阶段，是研究我国晋代以前道教史及思想史的宝贵材料，也使葛洪成为中国道教史上道教思想理论化的第一人。由于《内篇》的出现，在中国道教的发展演变史上，中国原始道教正式分化为神仙道教和符箓道教。在葛洪之前，二者是常常混杂在一起的。

符箓是符和箓的合称。符指书写于黄色纸、帛上的笔画屈曲、似字非字、似图非图的符号、图形；箓指记录于诸符间的天神名讳秘文，一般也书写于黄色纸、帛上。道教声称，符箓是天神的文字，是传达天神意旨的符信，用它可以召神劾鬼，降妖镇魔，治病除灾。符箓术导源于巫觋，始见于东汉，在民间流传相当广泛。在《外篇·自叙》中，葛洪记载了自己的一段人生经历："屡值疫疠，当得药物之力；频冒矢石，幸无刺伤之患。益知鬼神之无能为也。""频冒矢石"云云，概指葛洪参与镇压石冰之乱那件事。石冰是张昌领导的农民起义军的一部，起义军的主要成分是士兵和流民，他们中的很多人，特别是蜀地流民，应该有相当数量的太平道和天师道的信徒。张昌本人是义阳蛮，预言"当有圣人出"，"又言珠袍、玉玺、铁券、金鼓自然而至"（唐·房玄龄《晋书》卷一百一十《张昌传》）。"珠袍"等语，显然是符箓一类的道术。因此，葛洪连同当时的统治阶级，将张昌与张角视同一例，称为"妖贼"。葛洪提出"鬼神无能为"的观点，正是由于起义者是祠祀和崇拜鬼神的。对于打击原始符箓道教的人，葛洪都加以颂扬，如《道意》中云"第五公诛除妖道，而既寿且贵；宋庐江罢绝山祭，而福禄永终；文翁破水灵之庙，而身吉民安；魏武禁淫祀之俗，而洪庆来假"。用今天的话来说，就是后汉会稽太守第五伦诛除妖术邪道，享受长寿又得富贵；九江太守废除山神祭祀，既得福禄又得长寿；西汉蜀郡太守文翁毁坏水神庙，却安享吉祥，百姓安宁；魏武帝禁绝淫祀的风俗，却洪福到来，嘉运光临。所以葛洪不信奉鬼神，"四时祀先人而已"。祭祀不等于符箓，但必然包含符箓的内容，从葛洪的记述分析，他是反对符箓之术的。

作为一个早期深受儒家学说影响的封建社会时代的知识分子，出于维护朝廷稳定的需要，葛洪称民间带有迷信色彩的道教为异端，斥其为"妖道""邪道"，将其信徒称为"杂散道士"或"杂猥道士"。对于"杂散道士"及其行为的贬斥，一方面葛洪强调其于长生求仙无益，他在《勤求》中表示："今杂猥道士之辈，不得金丹大法，必不得长生可知也。虽治病有起死之效，绝谷则积年不饥，役使鬼神，坐在立亡，瞻视千里，知人盛衰，发沈祟于幽翳，知祸福于未萌，犹无益于年命也。"那些猥琐不堪的假道士，虽然治疗疾病也会收到起死回生的效果，辟谷时也有积年不饿的功夫，时不时地也可以役使鬼神，坐生而立死，能够看到千里以外大的东西，预知他人的强盛衰败，在幽暗昏黑中发现暗藏的窃贼，事先预知祸福，但有一点是不言而喻的，那就是他们无从得到金丹大法，也就无法求取长生不死，无益于寿命的延长。如果考虑到一些人凭借道术坑蒙拐骗聚敛钱财，葛洪的看法就显示出其合理性了。在《祛惑》篇里，葛洪将这些"杂散道士"看作与鸡鸣狗盗之徒无异："多行欺诳世人，以收财利，无所不为矣。此等与彼穿窬之盗，异途而同归者也。"而更为重要的是，葛洪看到了那些妖道"召集奸党，称合叛逆""危倾帮君，势凌有司"的巨大影响，这会动摇朝廷的统治基础，破坏社会的稳定，他们的犯上作乱、"不以忠孝和顺仁信为本"，常常为农民起义利用。在《道意》中，他列举历史上的张角、柳根、王歆、李申等人的聚众造反，认为其莫不是"或称千岁，假托小术，坐在立亡，变形易貌，诳眩黎庶，纠合群愚，进不以延年益寿为务，退不以消灾治病为业，遂以招集奸党，称合逆乱"。抛开其中的偏见，葛洪抓住了历代民众暴动的特点，甚至葛洪之后的多次民众暴动，直到太平天国起义以及义和团运动，都或多或少有着葛洪描述的因子存在。基于这样的认识，葛洪对自己不在其位，从而难理其事表示了无奈："吾徒匹夫，虽见此理，不在其位，末如之何？"（《道意》）对于朝廷禁绝民间道教的迟疑不决态度，葛洪表示出强烈的痛心："临民官长，疑其有神，虑恐禁之，或致祸祟，假令颇有其怀，而见之不了，又非在职之要务，殿最之急事，而复是其愚妻顽子之所笃信，左右小人，并云不可，阻之者众，本无至心，而谏怖者异口同声，于是疑惑，竟于莫敢，令人扼腕发愤者也。"前文提及，葛洪本来就对当时的人才选拔制度非常不满，这里就揭示出了其不满的部分原因：统治者执政无力，遇事无主见，举棋不定，易受人摆布，因此对于禁绝妖道之事自然就不可能有所作为了。考虑到妖道横行是百姓挨冻受饿和盗贼滋生、猖獗的根源，尽管"凡夫终不可悟"，葛洪仍主张

"淫祀妖邪，礼律所禁""宜在禁绝之列。"

葛洪道教理论体系中的"玄""道"观

早期的民间道教以祈求治病、祛灾、免祸为其根本特点，葛洪的神仙道教理论系统，为上层士族规划了长生求仙的根本宗旨。当然，其中的一些原则和方法，适合于所有人，这也是《内篇》在民间社会颇有影响的原因所在。在《黄白》中葛洪表示："长生之道，道之至也。"针对葛洪的神仙道教学说，当时就有很多人提出了反对的意见，认为这是弃绝人伦纲常，求取一己私心之满足的行为。对此，葛洪在《对俗》中作出了回应。他认为，修仙炼丹可以长生不老，这是一种超越身体健康之孝意义上的"终孝"。值得一提的是，后世对葛洪神仙信仰的看法有颇多分歧。宋人黄震在《黄氏日记》卷五十五《读诸子》中就指责葛洪"以神仙误天下后世"，近人侯外庐在《中国思想通史》中甚至认为"葛洪是企图为金丹道教在理论上奠立基础的一个反动人物"。袁翰青在《推进了炼丹术的葛洪和他底著作》中也有类似评述："葛洪的生平虽没有什么惊人的地方，并且从人民的立场来看，他是典型的封建阶级的反动人物。"不过，更多的学者却对葛洪的神仙学说给予了高度的评价，除前引李约瑟的观点外，王明的《抱朴子内篇校释》对葛洪道教仙学方面的贡献有以下几点详尽的评价："（《内篇》）第一次记载了许多现已失传的炼丹著作；第一次具体记载了许多炼丹的办法，《金丹》《黄白》两篇中有些方法是经过实验的，记录得很详细；通过这些炼丹法的叙述，使人知道一些炼丹的主要材料是什么，它的化学反应是怎样的。"无论如何，不可否认的是，葛洪基于"玄""道""一"而建立起来的神仙道教思想与实践，在推动道教仙学以及中国古代科学技术的发展中所作的贡献，是不容忽略的。以葛洪为代表的金丹道所倡导的以服食金丹而最终达到长生的社会风气，在唐代达到高潮。《内篇》内容主要可以概括为以下几点：论述道的本体、论证神仙的真实存在、论述金丹和仙药的制作方法及应用、讨论各种方术的学习应用、列举道经的各种书目、阐明世人修炼的广泛性。凡此种种，在中国思想史、科技史上，都有着非凡的意义。即以炼制金丹而言，王明先生就认为，"就其科学技术的历史价值来说，则远胜儒家修齐治平的迂阔议论"。《内篇》中的内容，为后世的许多道术征引，明代有名的医药学家、《本草纲目》的作者李时珍就曾认真研究探讨过《抱朴子》，从中汲取了不少有益的东西。

　　葛洪对道的论述，主要体现在《畅玄》《地真》《道意》篇中。在葛洪看来，"玄"是自然的始祖和宇宙间万事万物的本源。"玄"的概念，似乎是由古代的神话演变而来的。在《山海经》中，与"玄"相关的神话屡见不鲜，如"玄股之国""玄丘之民""大玄之山"等，这些大都为非凡人耳目所能感知，凭借神思却可以想象的奇异世界。老子、庄子在他们的著作中都曾提及"玄"，他们所说的"玄"，是道的一个重要特征，可以理解为幽深奥妙，看不清楚。《庄子》中，也常用"玄珠""玄冥"之类的神话或寓言，来隐喻哲理，表现出与世俗世界知识体系迥然悬隔的玄妙意识。西汉时的扬雄在《太玄·玄言》中改"玄"为"道"："夫玄也者，天道也，地道也，人道也。"似乎认为"玄"是道的总称。魏晋清谈兴起后，"玄"字异常流行，此时的游仙诗等文学作品里，也多用"玄"字。《遐览》中，葛洪载录其师郑隐所藏道书篇目，就有《玄洞经》《玄示经》《玄元经》等。《汉武帝内传》中，描写神宫仙境有所谓"玄圃""玄都""玄台""玄都之虚""玄垄朔野"，状写仙乐有"玄音""玄云曲""步玄之曲"等称谓，记录道书仙方则有所谓"六龙步玄文""步玄之术""太玄之酪"

等。所以，葛洪在论述宇宙的本源时，即称"玄"而不称"道"，首次将"玄"的概念作为道教思想体系的核心，为的是强调其"长生不死"的思想。但"玄""道"二者相互贯通而且同义，所以在葛洪的行文中，有时将"玄""道"二者并称，而言"玄道"。"道"与万事万物同在，又有一以贯之的性质，所以，葛洪又将"道"称为"一"："一能成阴生阳，推步寒暑。春得一以发，夏得一以长，秋得一以收，冬得一以藏。"（《地真》）"玄道"连同"一"，是葛洪道教理论思想的高度概括，成为道教理论的关键所在，也是修道求仙的重要准则，是人们在长生求仙过程中所存思的一种神仙境界。后来，陶弘景等人称道教为"玄宗""玄门"等，似乎都受到了葛洪"玄道"说的影响。

"玄"在葛洪的心目中，就是自然万物产生的根源和存在的根据。葛洪认为"玄"具有至妙幽微的神奇功力，支配着宇宙间的万事万物、操纵着天地的生成运行而自身却无形无名、无始无终，它无所不在、无所不有、无所不为、无所不能，如同《道意》篇所言："道者，涵乾括坤，其本无名。论其无，则影响犹为有焉；论其有，则万物尚为无焉。"在他看来，"玄"是有无的统一体，附着于宇宙间的芸芸众生为"有"，寄身于深寂幽暗中就成为"无"了。换言之，作为万物存在的根源，玄是"有"；另一方面，就其无形无名、没有任何规定性的特征来说，玄又是"无"。这样一来，"玄"虽具有天地万物本体的形式，却更富有精神性实体的特色。葛洪描述"玄"的功用，真是神秘莫测，它驾驭着神妙的天地造化之机，吹动着春夏秋冬四时之气；它幽蔽着淡泊宁静之志，发抒出鲜明的浓郁之情。在葛洪的笔下，"玄"就是一种人格本体，它居于造物主的地位，具有一种神秘的力量。人只要能与这种神秘的超自然的力量结合，就可以超越个体的有限性，从而具有神秘的无限的超自然力量。

"玄道"是葛洪立言的用意所在，《对俗》篇说："上士用思遐邈，自然玄畅，难以愚俗之近情，而推神仙之远旨。"《明本》篇也说："道也者，逍遥虹霓，翱翔丹霄，鸿崖六虚，唯意所造。"这里的"玄""道"，含义相同。在葛洪的理论体系中，"玄"是作为一种思维方式而存在的，"用思遐邈"可以看作推究求仙宗旨途径的诗意的阐释；"推神仙之远旨"，是说既然神仙是真实存在的，也就有可能掌握其道理和意旨。通过超凡脱俗的玄思，超逸出耳目所知的经验层面，就可以对其进行解悟。葛洪用道家的玄理学说来证实神仙之事的实有，希望对神仙信仰获得一种学理上的领悟。体悟到了玄道，就能够"乘流光，策飞景，凌六虚，贯涵溶。出乎无上，入乎无下。经乎汗漫之门，游乎窈眇之野。逍遥恍惚之中，徜徉仿佛之表。咽九华于云端，咀六气于丹霞。徘徊茫昧，翱翔希微，履略蜿虹，践蹈旋玑，此得之者也"。葛洪将"玄道"引入神仙学说中，与秦汉那些仅仅依赖传说和仙方以支持其神仙信仰的方士一类人迥然有别，也使道教理论研究得到了巨大升华。

葛洪认为，玄道的作用，可以体现在自然与社会的各个方面，对内可以修炼身体，对外可以治理国家。在《明本》中，葛洪列出了道在天地自然和社会人事方面的种种表现：有了道，日月高悬普照万物，庄稼苗壮五谷丰登；有了道，瘟疫不再流行，祸乱不再发生；有了道，战壕壁垒不再有，刀剑盾牌不再用。道的影响，林林总总，不一而足。

道、儒并重的修炼观

与以往炼丹修炼者不同，葛洪强调个人是否能够专心修炼，在于群体的生存环境。葛洪群体生存意识的产生，一方面来自自身的经历，另一方面也受了道教经典《太平经》的影响。《太平经》将天地看成人的父母，信道者要想修炼，应该获取更多的生存机会，更多的生存机会存在于太平环境中；而太平环境的获得，需要人对天地父母抱有一份虔诚的孝敬之心。

在《内篇》中，葛洪介绍了一些远离灾祸和自我卫生的奇妙方术，可以保证人在艰难困苦的生存环境中维持生命，按照他的说法，只要通过修炼得道，就可以摆脱人世间的种种艰辛。但是葛洪从自身的切身体验中，也注意到要能够心旷神怡地投入修炼，安全的生活环境是首要因素，也就是说，人得有一个保全性命的空间，才谈得上修炼长生。正因为如此，葛洪虽然再三推却朝廷的征召，但仍然关心政治，牵挂着社会，也时刻想着在山水林泉中的隐逸之士。他这样做，就是期望那些隐逸之士有一个良好的修炼环境。葛洪对于群体生存意识的关注，不仅在社会上得到了广泛的传播，而且为隋唐时期道教的兴盛开辟了道路。

与之相关的，是葛洪对修道者提出了要求，要求修道者必须确立自身的社会责任感，也就是为道应先立功德，即所谓的建功立业、修身齐家治国平天下。这种思想在《内篇·对俗》中有较为集中的反映。在《外篇·应嘲》中，葛洪曾直率表示，自己才能短浅德行寡薄，才干不适合于治理政事，但这并不意味着自己就没有议论国事的责任；出仕与隐居，殊途同归，为官居家的结果是一致的。为什么这样说呢？因为人人都可以议论社会的安定混乱，不一定要为官显达，才可以议论政事侍奉国君。因此，葛洪痛斥了那些华而不实、难以理解而没有益处的文辞。在《对俗》中，葛洪引用《玉铃经中篇》进一步论述修道者应尽社会责任的方方面面："立功为上，除过次之，为道者以救人危使免祸，护人疾病，令不枉死，为上功也。欲求仙者要当以忠孝、和顺、仁信为本。若德行不修，而但务求方术，皆不得长生也。"葛洪的上述观点，与道教作为中国本民族宗教的特点有关。产生于中土的道教，反映的必然是扎根于中国文化土壤中的中国人的思想特征，体现为把社会、自然与人看成一个有机的"天人同构"的复合体，其人生的理想状态为"合内外，一天人"，如此，儒道的融合就不仅是一种必要，而且成为一种必然的趋势。葛洪一方面积极倡导人们求道修行，争做神仙，另一方面，又极力贬斥农民起义中的道教色彩，认为汉末黄巾大起义的首领张角等人是"逆乱"，他们"或称千岁，假托小术，坐在立亡，变形易貌，诳惑黎庶，纠合群愚，进不以延年益寿为务，退不以消灾治病为业，遂以招集奸党"，这还是强调道教应服务于朝廷政治，而不是像张角等那样犯上作乱。

忠孝、和顺、仁信是儒家德行思想的核心内容。葛洪认为，仅仅依靠方术，而不去修行养德，最终是得不到长生的；最大的功德，莫过于救人危难、使人免祸、救治疾病、使人不死。以上举动，除了使人不死以外，其他都是较为现实的目标，属于善举。在以上论述的基础上，葛洪还谈到善恶也是求仙成功与否的决定性因素："作恶太多的人，天上的司命神就会三百天三百天地减损他的寿命，作恶小的，也会扣除一算的寿命，根据过错的轻重，被减去的寿命也会有多有少。""人们要想成为地仙，应当做三百件善事；要想成为天仙，必须做一千二百件善事。如果做了一千一百九十九件善事，却忽然做了一件恶事，那么以前做的善事就会完全丧失，就该从头再计善事的数目了。所以善事不在大不大，恶事也不在小不小。即使没有做恶事，却亲口谈起所做的善事，以及索求干善事的回报，就会失去这件善事，但不会失去其他的善事。再有，如果善事没有积够，就是服食了仙药也没有用。不服仙药，但却广行善事，即使成不了仙，也可以避免暴死的祸患。"因此，葛洪作出推测，彭祖那样的人，没有升入天境，是由于善事没有做够。

在葛洪的修炼教学体系中，首先要做的事情就是抓紧对人的教育，而且应该以儒家的课程灌输为主，这样就将儒家和道家结合起来了。葛洪的这种主张，在《外篇》的《崇教》等篇目中有所反映。在《逸民》篇中，仕宦者对逸民表示了不满：逸民徜徉于山野湖泽之间自觉适意而满足，不为世上作一点贡献，飘荡纵恣，不为时代所用……实在是天下没有用的人。就此，逸民作了一番辩解，表示儒生能够与唐尧、虞舜平列，无非是因为道德，不一定需要官位。这也反映了葛洪虽然服膺道教的有关教义，但面对强大的主流意识形态，也不得不有所屈从。另外，在这篇文章里，葛洪描述的隐逸之士的淡泊纵情的生活方式是"神游典文，吐故纳新"。作为士人实现人生理想抱负的必修知识与为人处世的基本准则，儒家话语被知识阶层普遍认同并作为主流意识形态被接受，一直居于上层社会的权利中心，儒家之外的其他思想与技艺被边缘化了，失去了阐释世间万事万物的普遍合理性，因此，渊源于远古世界的其他知识与技能，在儒家话语的无形压力下，仿佛失去了理所当然的根基与依据，而要使像道教这样有着相当广泛的群众基础，但却缺乏权威色彩的宗教理论与宗教性活动经典化、合理化、合法化、权威化，清理与整合就显得尤为必要。葛洪道教理论与儒家思想的自觉结合，正是出于上述需要的考虑。《逸民》中就有"道义既备，可轻王公"的说法，意思是具备了道德仁义，就可以轻视王侯。葛洪对于"盛德身滞，便谓庸人；器小人大，便谓高士"的观点不以为然。也就是说，德行深厚而仕途不同，不一定是平庸的人，而那些才疏学浅而身居高位的人，也算不上高尚之士。这些都可以看出葛洪对于儒家道、德、义等观念的高度认可。

推尊"上士"的隐逸观

葛洪心目中最理想的修道者是他所说的"上士"，既可举升虚为神仙，又可成为佐时治国的"长才"。"上士"目标的培养，是道家推崇备至的理想人格"真人""至人"的进一步具体化。"真人"指修真得道之人。"上士"和神仙信仰是密切关联的，是神仙中等级最高的，《黄白》《论仙》中都有涉及，《论仙》中指出，凡服金丹飞升者，成为最高的天仙；其次是靠行气导引长生不死的地仙，可以在名山遨游；再其次的是服草木之药，先死后蜕的所谓尸解仙，葛洪分别称他们为"上士""中士""下士"。上士，在《抱朴子》中，有时也称为"至人""达者"，如《对俗》篇中说："且常人之所爱，乃上士之所憎。庸俗之所贵，乃至人之所贱也。"此处的"上士""至人"为互文同义。《外篇·交际》中有："达者知其然也，所企及则必简乎胜己，所降结则必料乎同志。"其中的"达者"也是"上士"的意思。能称"上士"，必须具备儒道双修的素质，正所谓入世可以治国安邦，出世则可以得道成仙。在《内篇·释滞》中，葛洪不厌其烦地列举了多位历史上的"上士"：黄帝肩负着治理天下的重任，却没有妨碍他在鼎湖升天成仙；彭祖做了八百年的大夫，最终西行到流沙而成仙；老子做过柱史，宁封官居陶正，方回为闾士，吕望曾做周太师，仇生仕宦于殷，马丹在晋国做过官，范蠡辅佐越王称霸后泛舟入海，琴高曾在宋康王朝执笏为臣，阴长生曾屈尊为先生执鞭驾车，庄子曾隐藏才能而做小吏。以上这些都是古代所谓的一些得道之人，葛洪称颂他们虽得了道术，但却不忘匡正世事，大概因为他们才力有余，不管在朝在野，都可以从事修炼。基于这样的认识，葛洪对郭泰那样想出仕又惧怕祸害临头、想坚持在野却又不能安心的行为表示了不满。上士得道成仙就升为天官，反映了葛洪的封建宗法观念，在论述仙道世界时，葛洪都念念不忘将封建宗法等级制度的体系融入其中。"在葛洪的人生经历和人生态度中，他出仕的时候企望着隐而求仙，而归隐的时候也还有着儒士的社会责任感。"（徐仪明、冷天吉《人仙之

间——〈抱朴子〉与中国文化》）

在《释滞》篇中，葛洪对怎样才算作"上士"阐释说：有才能的人兼而修之，又何难之有？对自身，珍爱养生之术，对外物，不露一点锋芒；养生保健，身体才能得到保养，治理国家，社会才得以太平无事；用六经来训导俗子，将方术传授给知音；想暂时停留人间，就辅佐时政，想飞升上天，就凌云而去，这样的人，才算得上士。如果行藏不可兼得，就应该弃世俗之事，专修仙道。《外篇·嘉遁》中借怀冰先生之口表达了类似的意思。葛洪还进一步表示，对于许由那样的隐士，盛世应该采取宽怀而包容的态度。选择隐居的生活，虽然没有建立自立于朝廷的功勋和上阵作战的功劳，但同样可以培养磨砺年轻一代，弘扬正道、培养浩气，与文臣武将殊途而同归。之所以如此，是出于发挥长处而规避短处的考虑罢了。在其他篇目里，葛洪借逸民先生、居冷先生、乐天先生、玄泊先生之口，极力倡导隐逸生活。

对于守志隐逸的人，葛洪称其为"志人"（《逸民》），他们不需要俸禄爵位，不期望因功勋而受到表彰；其最高境界是没有自身，其次是没有名声。"志人"能够像放马奔驰那样脱开常轨，做常人不能做的事情，割舍识见肤浅者不能割舍的东西；他们的价值不是世俗的人所能衡量的，他们的精神淡泊纯粹，没有被地位名誉沾染，其醇厚质朴的作风足以涤荡百代的污浊，高尚的节操足以冲刷来世的浑浊。

在《嘉遁》中，葛洪还塑造了怀冰先生这样一个自己心目中的理想形象，假借与附势公子的辩难，论述了"至人无为"的人生选择，反映出葛洪理想中的仙道生活：放弃了富饶和肥沃的土地，亲自到盐碱地去耕种；胸怀奇谋和锦绣文章而不显露，能写很好的文章，别人却看不到，隐匿才华，足迹不涉朱门大户，在蓬门荜户中蓄养浩然之气……将个人福祉的追求抛到九霄云外，独自远离时尚而追慕古人；以巍峨的大山作为荫庇，行走坐卧于散发着清新芳香之气的兰花丛中和草地上；用流霞凝结的清水洗漱，品尝八种石料的精髓；思绪神志似乎飘浮于九天之外，四海万物不足以扰乱他的平和与静思。在怀冰先生看来，荣耀显达是人生的最大不幸，绫罗绸缎好比粪土……在人世间，尊贵地位的获得不是靠爵位，人生富有的实现不是靠财产，因此他鄙薄孔子周游列国的忙忙碌碌，觉得周公吐哺、握发求贤那样的生活过于悲苦，最终选择了隐士的生活，与云中的大鹏一起翱翔天空，不在腐鼠周围飞来绕去。当然，葛洪也借怀冰先生之口表达了隐士之所以不改变一箪食一瓢饮的简朴生活方式还出于以下考虑：欲望太多污浊之气就会侵入，位极人臣不免忧虑深重，以东汉的陈蕃、窦武谋事不成而最终被杀为沉痛的教训。与"上智"的"至人无为"的人生选择截然相反，葛洪列举了"下愚"的种种实例：要离杀死佳人以求效劳立功，纪信因救刘邦而诓骗项羽被烧杀，陈贾用自刎来为弟弟作证，子路为结冠缨而被剁为肉酱，侯嬴为表忠心而伏剑自杀，荆轲为报答燕太子丹被砍断了腿，樊於期为成就荆轲而悲壮地献出了自己的头颅。以上种种"狂惑"，都非"上智"应该效法的。

"君子藏器以有待" 的出处观

在《内篇·释滞》中，葛洪主张道儒双修，即内修神仙之道，外修修齐治平。在《外篇·循本》里，葛洪对儒道双修再一次进行了阐释："玄寂虚静者，神明之本也；……德行文学者，君子之本也。"所谓神明之本，就是神仙道教之本，要求修道者清静无为；君子之本，就是要求修养者有立身处世之本，即德行与文学二者不可偏废，葛洪在这里坦白地表明了通过宗教和伦常的作用而要求的儒道双修的根本。《交际》中表明了类似的看法："其处也则讲道进德，其出也则齐心比翼。否则钓鱼钓之业，泰则协经世之务。安则有以精义，危则有以相恤。"人生可因否泰的不同而选择出（隐居）处（仕宦），但即使出世时，葛洪对"讲道进德"也难以忘怀。基于此，在《外篇》的《良规》与《任命》中，葛洪提出士人修道时，应身隐而心不隐，藏器而待时，以备时机成熟而有所作为，《良规》中有："翔集而不择木者，必有离韝之禽矣。出身而不料时者，必有危辱之士矣。时之得也，则飘乎犹应龙之览景云；时之失也，则荡然若巨鱼之枯崇陆。是以智者藏其器以有待也，隐其身而有为也。"选择仕还是隐，要瞅准时机。时机成熟了，出仕就像应龙在天，可以大展宏图，如果时机不成熟，就好比大鱼搁浅在沙滩上，即使有翻江倒海的才能也是白搭。葛洪在《任命》中说："盖君子藏器以有待也，蓄德以有为也，非其时不见也，非其君不事也，穷达任所值，出处无所系。其静也，则为逸民之宗；其动也，则为元凯之表。或运思于立言，或铭勋乎国器。殊途同归，其致一焉。"君子修道隐逸的时候并非无所作为，而是一个藏器、蓄德、待时、择君的过程，仕与隐虽形式有别，根本宗旨却是一致的，都是为了安邦治民、布施教化，因此，穷达与出处就是无所谓的事情，隐逸时堪称逸民的表率，仕宦时又成为建功立业者的榜样，可以选择隐居著书立说，也可以选择建立功勋垂名青史。《时难》中，葛洪又谈到了"为臣不易"的情况，说历史上这样的例子数不胜数："夫以贤说圣，犹未必即受，故伊尹干汤，至于七十也。以智告愚，则必不入，故文谏纣，终于不纳也。言不见信，犹之可也。若乃李斯之诛韩非，庞涓之刖孙膑，上官之毁屈平，袁盎之中晁错，不可胜载也。"

如何处理儒道二者的关系？一旦二者出现了冲突，该怎么解决呢？葛洪在《嘉遁》篇中作出了以下回答：出仕为官的人，是来整肃常道的，隐逸山林，可以起到教诲儿童的功用；

普天之下的士人，无不是皇帝的臣民，选择仕宦还是隐居，一方面随时代的变化而变化，另一方面也是个人根据自身的具体情况而作出的不同选择。《逸民》篇也说："在朝者陈力以秉庶事，山林者修德以厉贪浊。"正因为隐逸山林可以起到弘扬风教的作用，葛洪主张朝廷应该对隐逸之举加以表彰，遏制那些贪夫利徒的争名夺利之举："听任隐士的归隐可以光大风化，使退让之风兴盛起来；阻遏苟且求进贪图仕宦的人，让他们感到轻浮浅薄是无知的。虽然这样不利于人才的早晚使用，也不能使立于朝廷的人更为全面。但即使如此，也比向权门显贵耸肩低头、乞怜谄媚，揣着礼物奔走行贿，夜以继日奔走于尘俗之路，像拥在渡口抢着过河一样相互竞争强很多。用钱财购买名位品级，抛弃了道德品行学问这些最根本的东西，最终就会走向结党营私互相吹捧的邪路。"而对于儒家极为推崇的伯夷、叔齐义不食周粟、鲍焦忠烈自守而死，葛洪认为是浅陋固执之举，也非士人学习的榜样。

葛洪承认，他是在深患儒家入世的艰难后才舍弃了儒道而选择了求仙长生之道。一个时代也出不了几个仙人，而且一个看起来微不足道的道士，即使求仙飞升，也不会带来朝廷人才的匮乏，太平盛世不会因为他们而有所损失，德政教化也不会因为他们而有所欠缺。这些都是事实，但葛洪接下来的话却显得不足采信。他认为：当今时代，九州统一，远方来朝，英才辈出，盛况空前，人才济济，无处可用；大量学者被闲置，列队等待着提拔；官职满员，没有一丁点空缺。长期以来很勤勉的人，也不免产生迟迟不进的感慨；功勋卓著的人，也忍受着论资排辈的委屈。学者被闲置云云，道出了当时的社会现实，才高而缺乏援引，不免就会被忽略，但说九州统一远方来朝，则像是在说反话了，也许葛洪在这里是借机发一下内心的牢骚吧。葛洪主张修习仙道，不符合当时士族知识分子的生活潮流和人生选择，不被理解、遭遇误解肯定是难免的。葛洪曾在多处道明选择仙道之路的出发点，《内篇·释滞》篇说道："那些学习仙道的士人，万人之中难见一个，国家又吝惜这些人干什么呢？况且他们以减少思虑、清心寡欲为务，追求的无非是保全身体、延长寿命，没有争权夺利的卫行，也没有伤风败俗的劣迹，又何罪之有呢？"葛洪这样的表白，或多或少有些自我保全的味道。而在《外篇·交际》中，葛洪对其才华、主张等的无法实现，表示了愤愤不平之情："余徒恨不在其位，有斧无柯，无以为国家。流秽浊于四裔，投畀于有北。彼虽赫奕，刀尺决乎。势力足以移山拔海，吹呼能令泥象登云，造其门庭，我则未暇也。而多有下意怡颜，匍匐膝进，求交于若人，以图其益。悲夫！生民用心之不钧，何其辽邈之不肖也哉！余所以同生圣世而抱困贱，本后顾而不见者，今皆追瞻而不及，岂不有以乎！然性苟不堪，各从所好，以此存亡，予不能易也。"葛洪表示，自己之所以长期安于贫贱，实在是不能与"秽浊"之徒同流合污："我跟他们同生在圣明的时代，甘守困顿卑微。再向后看，也没有人愿意效法，到现在即使后悔，想补救也来不及了，难道不是有原因的吗？但如果不能互相忍受，还是各遂所欲吧，无论生死都是这样，我是不能改变的。"

其实，葛洪意欲脱离世俗事务，在世俗的惊怪和嘲笑中遁入山林，是长期思考的结果，有着充分的思想准备，也是特定时代道教文化影响的产物。舍儒从道的选择，在当时的神仙道教中颇具典型性，葛洪之前的著名道士如阴长生、左慈、葛玄及郑隐等，基本上走的都是这样的路，后世的吕洞宾等人，也继承了这种传统。葛洪在《内篇·金丹》中说："予忝大臣之子孙，虽才不足以经国理物，然畴类之好，进趋之业，而所知不能远余者，多挥翮云汉，耀景辰霄者矣。余所以绝庆吊于乡党，弃当世之荣华者，必欲远登名山，成所著子书，次则合神药，规长生故也。俗人莫不怪予之委桑梓，背清涂，而躬耕林薮，手足胼胝，谓予有狂惑之疾也。然道与世事不并兴，若不废人间之务，何得修如此之志乎？见之诚了，执之必定者，亦何惮于毁誉，岂移于劝沮哉？聊书其心，示将来之同志尚者云。后有断金之徒，所捐弃者，亦与余之不异也。"葛洪素有隐居山林之志，《外篇·自叙》中也有反映："自度性懒而才至短，以笃懒而御短才，虽翕肩屈膝，趋走风尘，犹必不办，大致名位而免患累，况不能乎？未若修松、乔之道，在我而已，不由于人焉。将登名山，服食养性；非有废也，事不兼济。自非绝弃世务，则曷缘修习玄静哉？……而古之修道者，必入山林者，诚欲以违远谨哗，使心不乱也。今将遂本志，委桑梓，适嵩岳，以寻方平、梁公之轨。"

葛洪强调修道，其实内心并未忘怀儒家，只是有些不得已而已，正如干明在《道家和道教思想研究》中所说："葛洪这个飘零没落的士族分子，他的前后思想变迁的脉络，大体就是从入世而遁世，从儒家而至皈依神仙道教。但也始终没有忘怀儒家和道。这是与他的阶级出身、所处时代和个人遭遇息息相关的。"葛洪认为，因为当时儒学教育的衰落，才导致"委弃正经"局面的出现。在西晋初期的四十年左右时间里，吴地贡士因政治原因失去考试机会，导致了儒学的衰落，士人们忙于奔竞求名，而不愿开卷读书，这也是葛洪不希望看到的情景："今太平已近四十年矣，犹复不试，所以使东南儒业衰于在昔也。此乃见同于左衽之类，非所以别之也。""今贡士无复试者，则必皆修饰驰逐，以竞虚名，谁肯复开卷受书哉？所谓饶之适足以败之者也。"（《外篇·审举》）那些在其位的朝廷官员，也不读儒经，这些人"不知五经名目，而飧儒官之禄"（《吴失》），"经典规戒，弗闻弗览；玩弄亵宴，是耽是务"。贵族子弟则不学无术，"口笔乏乎典据，牵错引于事类"（《崇教》）。儒学的不振导致天下风俗大变，长此以往，国家的危亡和微弱也在所难免了，这在《君道》中有详细的论述："高楼观而下道德，广苑囿而狭招纳，深池沼而浅恩信，悦狗马而恶謇谔，贵珠玉而贱智略，丰绮纨而约惠泽，缓赈济而急聚敛，勤畋弋而忽稼穑，重兼并而轻民命，进优倡而退儒雅，厚嬖幸而薄战士，流声色而忘庶事，先酣游而后听断，数苦役而疏恤赐，丁造费好不急之器，圈聚食肉靡谷之物。然则危亡不可以怨天，微弱不可以尤人也。夫吉凶由己，汤、武岂一哉？"君王耽于享乐，留恋声色，道德低下，正道不行，寡恩少泽，大事搜刮，荒废政务，凡此种种，社稷遭受"倾巢覆车之祸"就不能怨天尤人了。

　　修道求仙，因远离朝廷、远离父母，很容易被视作不忠不孝。正因如此，葛洪一再强调隐逸求道并非是轻视世务、目无君主，而是一种与众不同的爱好，唯其如此，修道求仙和隐逸山林才不会受到朝廷的压制，而这些都取决于君主的明智与否，取决于他们是否有容人之量，《内篇·释滞》中即以周灵王和周王为榜样，提倡君主对修习仙道采取不压制、不逼迫的措施，这样才能使德政发扬光大："昔子晋舍视膳之役，弃储贰之重，而灵王不责之以不孝；尹生委衿带之职，违式遏之任，而有周不罪之以不忠。何者，彼诚亮其非轻世薄主，直以所好者异，匹夫之志，有不可移故也。夫有道之主，含垢善恕，知人心之不可同，出处之各有性，不逼不禁，以崇光大，上无嫌恨之偏心，下有得意之至欢，故能晖声并扬于罔极，贪夫闻风而忸怩也。"出仕和隐居各有天性，统治有方的君主，能够忍受侮辱，有宽容之心，于仕隐之间不逼迫，不选择，使人各得其所，如此能将光明和声音播扬至远方，也使那些贪婪之徒因听到高尚的风范而感到羞惭。

　　在上述议论的基础上，葛洪认为，那些求仙问道之人，不仅仅具有腐儒眼中的那些表象，绝不是他们所讥笑的那些居住在山林之间，效法老子学说的得道之士。因此，葛洪对于怎样才算作得道之人给出了自己的解释："当今世上，所谓得道之人，大抵要博古通今，仰能观天文，俯足以察地理，经历过世变，能体会到事物的细微之处，通达兴亡之运，明了治乱的根本，心中没有疑惑，有问必答。"（《释滞》）有人质问葛洪，既然说仙道可以求得的话，为什么在儒家的经典里不曾有过这样的记载，周公孔子为什么没有谈及，圣明的人为什么不能超度成仙，聪明的人为什么得不到长寿呢？周公孔子如果不知道有仙道存在的话，他们也就不能算作圣人。再有，如果他们了解到仙道之事确实存在，他们为什么不去学习呢？面对这样的提问，葛洪反驳道："至上的道理本来就不易阐明，神仙之事不被相信，已经由来已久，绝不是今天才这样。"（《释滞》）在谈到周孔与仙道的关系时，葛洪毫不隐讳地指出，圣贤如周孔，他们没有谈论过的事情也非常多，五经没有记载的事情也很多，许多子书中记载的东西，在五经里也没有记载。由此可见，葛洪虽然主张儒道并重，但最终还是偏重道的。

除了强调修道者的社会责任感，葛洪对用儒家思想教育士人表现出了高度的重视。《外篇》中的《崇教》，尊崇的就是儒家思想。他说："今圣明在上。稽古济物，坚堤防以杜决溢，明褒贬以彰劝沮；想宗室公族，及贵门富年，必当竞尚儒术，撙节艺文，释老庄之意不急，精六经之正道也。"贵族子弟可以把佛老先放一放，但对儒家六经圣典则不可不勤学。葛洪还特别强调礼的教育作用。他说："盖人之有礼，犹鱼之有水矣。鱼之失水，虽暂假息，然枯糜可必待也。人之弃礼，虽犹靦然，而祸败之阶也。"因此，"安上治民，非此莫以"（《讥惑》）。可见，礼无论对个人修养，还是治国安邦都有非常重要的作用。在《审举》篇里，针对有人对通过考试选拔人才的疑问，葛洪反驳说："古代的时候还曾经用射箭来选拔人才，何况是经义呢？一旦舍弃考试，还没有更好的办法。"他还列举了先秦箕子、范蠡、管仲、申不害等人的例子，指出翻阅他们的文章和上给君王的奏章，就可以看出他们治理国家和经管世事的才能和谋略。因此，可以作为准则的言语不会出自庸人之口，愚顽者不会写出优秀的文章，即使通过考试得到的不一定全是贤人，但至少要比完全不考试强多了。如果天下人通过考试才能被举荐，对胡乱贡举的危害感到恐惧，那些凡夫俗子断绝侥幸出仕的念头，离开追逐官爵的歧途，回到以追求学问为根本的路子上去，儒家的学说就会大为兴盛，就必然会使修养品德勤于学习的人多起来，葛洪认为，仅此一条，带给风俗教化的长久好处也不少了。

有关儒道二者的关系，《抱朴子》大体是从本末思想诠释其特质，多集中于《内篇》的《明本》《塞难》《极言》等篇中，《外篇》偶有提及。在源流论方面，葛洪认为道教的精神，吸取了儒、墨、法、阴阳各家之长，而避免了各家的不足之处。在《内篇·明本》中，葛洪先指出了各家的缺陷所在：阴阳家的学说忌讳太多，令人拘束而害怕；儒家渊博而难得其要领，让人辛劳而收获甚微；墨家主张节俭而难以遵循，令人不能完全照办；法家严苛又少恩寡惠，伤害仁义道德。对于道家，葛洪说："惟道家之教，使人精神专一，动合无形，包儒、墨之善，总名、法之要，与世迁移，应物变化，指约而易明，事少而功多，务在全大宗之朴，守真正之源者也。"他认为道家正是在吸收各家之长的基础上形成的，道家可以使人精神专一，行为遵循自然法则，包容了儒墨两家的长处，囊括了名法两家的宗旨，因世事的迁移而迁移，随物事的变化而变化。其特征在于要点简约而易于掌握，事半而功倍，之所以如此，是因为道家的要旨是在保全自然法则的质朴和持守纯正精粹的本源的基础上形成的。葛洪的观点，是对汉代司马谈《论六家要旨》思想的吸收和继承，其中的"与时迁移，应物变化"即为司马谈的原话。《论六家要旨》论述了战国以来众多的学术思想派别，区分出有重要影响的阴阳、儒、墨、名、法、道德六家，其中对阴阳等前五家都既有肯定又有所批判，而对于道德一家则完全加以肯定，指出道家已批判地采取了其他五家思想的长处。对于道家理论方法论方面的缺陷，葛洪也曾进行了无情的批判。需要指出的是，其实对其他流派理论的方法论，葛洪都有所批判，但从总体上看，他对道家理论是持肯定态度的，故而谓其"守真正之源者也"。

在认识论上，葛洪通过儒、道在对待世事俗务、荣辱进退、功名利禄的不同态度的比较，作出了如下结论：儒道是事物的两个方面，只不过道是天地万物乃至人类人伦礼教的根源所在，即所谓的"万殊之源"，是宇宙间无所不在的普遍法则，儒者为大淳之流。葛洪认为道为儒之本，儒为道之末；儒家的学说因其浅近而容易弄清，学习的人自然就多，相反，道家的学说因意旨宏远而难以辨识，通晓的人自然就少了；儒道应相互补充，相互为用。另外，在《塞难》中，葛洪通过比较老、孔二家学说的差异，论述了道家高于儒家的观点。葛洪认为，孔子虽然了解了老子学说的玄妙深奥、奇异无比，但却没有吸取老子的清静虚无，也就不能探究大道的本源所在，超脱于无形无物的外部世界，进入至道之内的理想王国；孔子问学于老子，获得的只是社会事务方面的知识。葛洪这样说，是想表明孔子未曾向老子请教过神仙之法，其接受重点在于社会事务方面，他的良苦用心全在于教育感化民众，根本无心学习方术，而并非孔子不肯跟随老子学习道术。他在这里立论的目的虽在于强调追求仙境是可信的，但对于孔子问学老子重心的论述，还是颇有道理的。

在方法论上，葛洪对"上士"如何准确把握儒和道的难易程度提出了明确的要求：儒家看起来容易实则难行，道家看似困难却简单易行。抛弃交往，离开妻子，谢绝、损失功名利禄，眼睛要割舍华丽的色彩，耳朵要抑制动听的声响，恬静自守，无端遭受诽谤不感到悲戚，荣誉突然降临而不沾沾自喜，身处贫贱不以为耻，这是道家的困难处；另一方面，出门没有庆贺、哀悼的干扰，回家不必承担赡养老人的责任，不必在

《七经》中劳神费心，不必在乐律历法上思绪不宁，意念不及推算天文历法的艰辛，心里不挂念文章经典的奴役，众多的俗事已经减损，中和的元气自然就会增益，无所作为无所忧虑，也不必惊恐不必戒备，这是道家的容易处。反观儒家，修养的都是业已成规的事情，出仕和隐退也有法则可循，言谈和沉默都合乎时宜，要找老师，循着一间一间屋子就可以求到，想要读书，遵循注释就可以释疑解惑，这可以说是儒家容易的地方；至于在钩稽深奥的哲理方面，要灵活引证应用《三坟》《五典》，完全精通纷繁的《河图》《洛书》之类，博采百家学说。德行要在小街里巷有口皆碑，忠贞要在侍奉国君时得以充分展现，抬起头来，神思飞驰在苍穹之中，俯下身去，思维运转在人世间的风云里，一件事不明了，所做的事就有不通之处，一句话不精当，褒贬的言论就显得很不明确，投足举手，要成为世人的法则，开口动唇说话，就要在人间流传，而这些，正是儒家的困难处。在《外篇·名实》里，葛洪进一步强调，那些得道之士，一生没有获得声名和实际利益，他们深信快乐，顺从天意，了解命运而没有什么可忧虑的，安于时运、随遇而安，也没有什么可怨恨的，道德之音却可以在将来显现。用一句话来概括儒道的不同就是，儒家的功业繁多而艰难，道家的思想简约而容易。葛洪进而表示，自己因惧怕儒家的困难而将其舍弃，选择了容易施行的道家。

在具体实践上，葛洪在《内篇·释滞》中提出"内宝养生之道，外则和光于世"以及"以六经讯俗士，以方术授知音"的主张，从中也可以看出他"道高于儒"的倾向。在《明本》里，葛洪还阐释了社会的治乱与道的关系：道大盛的时代，也就是像三皇五帝的时代，即使垂拱而治也显得绰有余力，无所教化而天下尽善尽美。而道衰微的时代，即使大智大勇之人整日在忙碌奔波，最终也落得穷于应付，因此只好实施严酷刑罚。尽管如此，奸邪却日甚一日，老百姓在下面抱怨，而皇天圣灵在上面发怒显威，天灾人祸此起彼伏，以至于臣子弑杀君王，父子互相残杀。社会的动乱，使得孝子在家破人亡中获得声誉，忠臣义士在国家危难中造就名声，疾病的流行使巫医显贵，道德的沦丧致使儒墨称道于世。凡此种种，皆能看出道家主张的影子。最后葛洪总结道，以上情况的出现表明，儒道二者，谁先谁后，不言自明。

新型的圣人观

葛洪在论述圣人标准时，极力推崇黄老，其观点既不同于三国正始时期何晏、王弼构建的三玄（指《周易》《老子》《庄子》）系统所尊崇的圣贤系统，也不同于儒家的圣贤系统。三玄的圣贤系统是以伏羲、周文王、周公、孔子等为圣人，而以老子、庄子为亚圣或上贤。汉唐时期公认的圣贤可分上中下三等，其中"上贤"亦即"大贤"，其地位仅次于圣人，故而称"亚圣"。三玄系统将老子称为"上贤"或"亚圣"，是在魏晋清谈背景下对老子地位的提高。然而在当时儒者的眼中，老子做"上贤"的资格远远不够，东晋孙盛的《老聃非大贤论》中，否认老子为"大贤"或"上贤"，仅仅将老子归入"中贤"之列。而在虔诚的道教徒葛洪的眼里，王弼、阮籍等所谓"上贤""亚圣"的评价实在贬低了老子。《庄子·天道篇》中云："所谓玄圣、素王，自贵者也，即老君、尼父是也。"将老子视作"玄圣"，而与"素王"孔子并尊。三玄的圣贤系统中，借用庄子的观点，将伏羲、周文王等圣人称为"玄圣"；道教则认为老子高于羲、文、周、孔，葛洪在《微旨》中就宣称："黄老玄圣，深识独见"，即借用三玄的说法称黄老为玄圣。葛洪的观点，对后世产生了颇为深远的影响。后来唐代的成玄英即称老子为"玄圣"。葛洪在《外篇·逸民》

篇中又称周公为"大圣"。盛唐时期，道教盛行，再加上同姓的原因，唐玄宗追封老子为"帝"，而孔子仅仅封"王"；老子加号为"大圣"，孔子仅尊为"圣"。另外，据晚唐杜光庭《道德真经广圣义》卷一中引唐玄宗诏书云："宜升《道德经》居九经之首，在《周易》之上。"后来晚唐的陆希声在《道德经传序》中极力颂扬老子其人"与伏羲同其元""与文王通其宗""与夫子合其权"，进而得出结论："此三君子（伏羲、周文王、孔子）者，圣人之极也，老子皆变而通之，反而合之，研至变之机，探至精之赜，斯可谓至神矣!"老子综合了羲、文、孔三家之长，其地位自然要高于三圣了。发展至宋代，李约在《老子道德真经新注》的自序中宣称："《六经》乃黄老之枝叶尔!"

对于传统文化中圣人概念的内涵，葛洪也提出了自己的看法。在中国文化的传统观念中，"圣人"指知行统一、臻于至善之人，北宋司马光在《资治通鉴》卷一中说"才德全尽谓之圣人"，换句话说，就是德才兼备的人才有资格称为"圣人"，境界等同于佛教文化中的"佛"，是有限世界中的无限存在。"圣人"是伴随着儒家教义的产生而逐渐形成的。《大学》中云："大学之道，在明明德，在亲民，在止于至善。"儒家主张，做人要彰显人人本有、自身所具的光明德行，然后再推己及人，使人人都能去除污染而自新，而且精益求精，这样，道德可达到完美的地步并且保持不变。"圣人"一词正是因儒家最早对"止于至善"的人格追求而产生的。因而圣人的原义，是专门指向儒家的，指具备理想人格的人，在他们身上，伦理道德得以完美地呈现，同样，他们又是治理天下国家的楷模。儒家经典中的圣人，多泛指尧、舜、禹、汤、文、武、周、孔。如《易·乾》"文言"称："圣人作而万物者见。"儒家独尊之后，则专指孔子。在儒家学者的主张中，圣人体现出强烈的伦常色彩，《孟子·离娄上》中说："圣人，人伦之至也。"

《荀子·解蔽》篇则曰："圣也者，尽伦者也。"所谓"伦"，指君臣、父子、兄弟、夫妇、朋友等社会关系，圣人在处理这些关系方面堪称世人表率。但后来的诸子百家，乃至古今各种宗教、学派，也都有自己认定的圣人，儒家认定的尧、舜、禹等圣人也得到诸子百家的公认。儒家的标准，有一些先验论色彩，使得圣人成为高不可攀的天生圣哲。孔门弟子称孔子为圣，宣扬的就是神秘主义的天命观，如《论语·子罕》中说："太宰问于子贡曰：'夫子圣者与？何其多能也？'子贡曰：'固天纵之将圣，又多能也。'"在子贡的心目中，老师孔子之所以称得上"圣者"，是"天纵"之再加上自身"多能"的结果。对于如此高的赞美之词，孔子也诚惶诚恐地表示不敢接受，《论语·述而》云："子曰'若圣与仁，则吾岂敢'？"孔子心里清楚，圣人的标准高到已经无法企及，只能让那些"超凡入圣"的人来担当了。

将儒家和诸子百家对圣人的理解汇总起来，也就是圣人的真容了，他们之间并没有矛盾，不过儒学强调的是整体，诸子百家强调的是其中某个特征，法家就认为有益于国家或有益于世的聪明人都是圣人，《韩非子·安危》中称伍子胥为圣人，在《说难》篇里更将一个名不见经传的绕朝奉为圣人，百里奚、伊尹在韩非子的眼里也是圣人。在《南面》《用人》《扬权》中，韩非子用圣人指代他心目中理想君主的几种类型，一种是能打破守旧的政治观念、正确对待变法的君主，一种是能坚持法制的君主，另一种则是将建立中央集权专政体制的君主，已失去了神秘的色彩。对"圣人"一词的真实意涵作出最详尽、最贴切的解释要到魏晋时期，王肃在《孔子家语·五仪》中，提到了孔子对"圣人"的描述，他的理解大意如下："所谓圣人，指自身的品德与宇宙的法则融为一体，富有智慧、善于变通，对宇宙万物的起源和终结已经彻底参透，为人处世不拘泥于固定的方式。能够与天下的一切生灵，世间万象融洽无间地和谐相处，把天道拓展入自己的性情，内心光明如日月，却如神明般在冥冥之中化育众生，凡夫俗子永远不能明白他的品德有多么崇高伟大，即使了解一点儿，也无法真正明白他们精神的边际到底在哪里。达到这种境界的人才是圣人。"

葛洪对于圣人的理解，就像韩非子一样，剔除了其中的神秘色彩，他驳斥了那些将圣人神秘化的倾向——认为圣人是从天而降的神异之人，他们无所不知、无所不晓，对于圣人，世俗之人甚至崇敬折服得不敢提起他们的名字，不敢用具体事实来验证圣人说过的话和做过的事，认为圣人做不到的事，就没有人可以做到。在《论仙》中，葛洪对世人盲目崇拜周公、孔子的做法给予了批驳。葛洪指出，在有些人的心目中，书不是周公所写，事理没有经过孔子的认可，他们是不肯相信的。但如果以这样的态度看问题，古书上所记载的东西，都应该是无稽之谈。《辨问》中，葛洪就大胆提出圣人和平庸的人有差别的地方少，没有差别的地方却很多。就像凡人一样，圣人不吃饭肚子就会饿，不喝水就会口渴，火烧也会感到灼烫，冰冻也会觉得寒冷，遭遇击打会感觉疼痛，被刀刺也会受伤，年岁大了也会衰老，受了损伤也会生病，没有了呼吸就会死去。圣人超伦绝俗之处，仅仅在于才华横溢、思虑深远、口才敏捷、文笔高妙、品德完美、行为纯洁、长于训释、见识广博而已。即使品德高尚、多闻博洽如孔子那样的人，也有不了解的事物或知识，孔子并非先知先觉，马棚着火了，孔子不知道是否伤着了人或马；颜渊来迟了，孔子说他已经死了；周游流离了七十多个诸侯国，却没有预测到人家不肯任用自己。在此基础上，葛洪认为，孔子并非生而知之的圣人，他不完全懂得礼仪，比如说，他曾向老子询问古代的礼仪；对古代官制不甚明确，也曾经向郯子询问鸟官的事；行路中不知道渡口在哪里，也要派人去询问，又无法预料被问者会讥笑自己却不告诉自己路在哪里。当然，葛洪的圣人观也显示出矛盾的地方。传统的儒家观点认为，"天生圣人"，葛洪在《外篇·诘鲍》中就表示，"王者妃妾之数，圣人之所制也"。可以看到，葛洪主要反对的还是那种生而知之的观点，在《勖学》《崇教》中，葛洪再三强调加强学习的重要性，认为人不学习无异于聋瞎之人。

葛洪在论述仙道确实存在的观点时，将圣人分为专心治理国家社会的圣人和专事于修心养性以求仙道的道家圣人，圣人是有高低类别之分的。在葛洪的视野中，最高境界的圣人是像黄帝、老子那样的得道成仙的圣人，而非世俗所说的治理社会的圣人，如周公、孔子一类。在葛洪看来，周公、孔子这样的圣人，与那些世俗观念里独有所长、众所不及的圣人没有什么差别，不是有什么棋圣、书圣、画圣、木圣吗？了解这一点，就不会奇怪为什么孟子称伯夷是清高的圣人、柳下惠是随和的圣人、伊尹是胜任的圣人了。葛洪对圣人下了这样一个定义："处理世间事物极为杰出的人，就是圣人。"有了上述标准，圣人就不局限于一种事业了，如公输班等是制造机械的圣人；扁鹊等人是治理疾病的圣人；甘均等是观天占星的圣人；史苏等是卜筮占卦的圣人；荆轲等是英勇果敢的圣人；夸父等是快步如飞的圣人；延州等人是知音知己的圣人；孙武等人是用兵如神的圣人。

德政与用刑并重的治理观

由于个人所处的时代环境的影响，葛洪一方面继承了《太平经》中群体生存意识的有关论述，另一方面又对其有所改造。《塞难》中特别强调了赏善罚恶的必要性。在残酷的现实面前，葛洪意识到人间的善恶在现实中暂时无法实现赏罚分明，于是他就虚构出可能实施这样的赏罚的巨大的天地，从这可以看出葛洪对当时社会的黑暗和朝廷的无能的极大愤慨。在

《微旨》篇中，葛洪列举了七十多条应该受到惩处的恶行，诸如口是心非、欺上罔下、刑加无辜等，这些导致社会战乱的罪恶，在葛洪所处的乱世时期表现得更为明显，也滋生了更大的社会混乱，严重威胁到人类群体的生存，所以引起了葛洪的格外关注。

在罚恶方面，身在魏晋时期那样一个奸邪横行、趋利忘义的时代，葛洪出于"佐时治国"的目的，批判了道家"清静无为""我清静而民自正、我无欲而民自朴"的学说，指出单纯依靠君王的贤明和道德的力量来求取天下"道洽化淳"是不现实的，只有宽大而没有严厉，作奸犯科的事情就会不断产生。葛洪主张严刑峻法，认为不这样就会祸乱丛生、纲纪难振，在《外篇·疾谬》中，葛洪就提到了刑罚的必要性，在《行品》中，葛洪在谈到识人之难时，也谈到了一些为官的士人忠贞有余而干练不足，因废除刑罚而效法错误的榜样，曲直不分的现实。葛洪认识到，道家的言论，自有其高妙之处，但其高妙却不能掩盖其操作方面的弊端。治世固然可以无为而治，但治理乱世，用重典是不可避免的，他在《用刑》中就公开赞同"以杀止杀"的措施，认为有必要恢复古代的刖、宫等肉刑，只有这样，才能使那些作恶之人有所惧怕，也才能保全那些遵纪守法的人。要想天下太平，要想治理好老百姓，在仁与刑，儒与法二者关系上，葛洪主张儒法并用、仁刑并举，认为法是仁的保证。葛洪指出："莫不贵仁，而无能纯仁以致治也；莫不贱刑，而无能废刑以整民也。"从来没有只依靠讲仁而天下大治的，也不存在废除了刑罚而老百姓得以驯顺的。对于葛洪这种认识，范文澜在《中国思想通史》中评价说："葛洪的政治思想，虽自称属儒家，但实际上乃汉酷吏的继承，是内法外儒的'王霸道杂之'的憧憬。"此说有合理之处，但指责葛洪"乃汉酷吏的继承"的论断，却不免有扣帽子之嫌。

在《逸民》篇中，葛洪面对有人对隐居行为"居众"（令众人颓废消沉）的质疑，阐释了执政者不可无谓屠戮的道理。葛洪肯定了吕尚创立了周朝的基业并使之流传后世，为后人作出了榜样，但对吕尚杀戮隐士狂狷、华士的行为进行了谴责，认为他"张苛酷之端，开残贼之轨"，如果让吕尚处在周公的位置上，那天下隐士全得暴尸朝市。狂狷、华士因自觉正义，不愿出来为官，隐居在海边，吕尚就杀了他们。对于这样的结果，葛洪表示，吕尚长于用兵打仗，而不擅长治理国家，因威胁和杀害造成祸患，之所以这样，还是因为他不懂得效法玄天黄地以覆盖天下而托载万物，像海岳那样广纳贤才，褒奖贤者，尊崇仁人，乐于培育人才。采用管理军队的办法来治理太平盛世，枉杀贤人，太为残酷荒谬了。反观唐尧、虞舜、夏禹、成汤、魏文帝、晋平公等六君不肯因逆耳之言而损伤隐士，更谈不上施以刀剑，他们的举动才是值得效法的。葛洪指出，与吕尚相比，魏武帝曹操的做法也有值得肯定之处，曹操虽"亦刑罚严峻，果于杀戮"，但对胡昭的不乐出仕，却没有强求，也没有加以惩罚。正因为这样，曹操能够挥鞭征战九州，初创魏国的基业。

葛洪《用刑》的可取之处在于，他强调"德教"与"刑罚"应根据相异的背景施行于不同的对象，为此他作了一个类比来说明二者相辅相成的关系："夫德教者，黼黻之祭服也；刑罚者，捍刃之甲胄也。若德教治狡暴，犹以黼黻御剡锋也；以刑罚施平世，是以甲胄升庙堂也。故仁者养物之器，刑者惩非之具，我欲利之，而彼欲害之，加仁无悛，非刑不止。刑为仁佐，于是可知也。"意思大致如下："德教就像绣着花纹的祭祀礼服，而刑罚就等同于抵挡刀剑的盔甲。用德教去整治奸狡凶残的人，就像用礼服去防御锐利的刀锋；在太平盛世实施刑罚，如同穿着盔甲上朝。因此说，仁德是教化民众的工具，刑罚是惩治非法之徒的武器。我想施利于他，而别人却想加害于他，使用德治却不知悔改，不用刑罚就不肯罢休。由此可以明白刑罚是仁德的辅助。"意识到"妖道"对社会的严重危害，葛洪认为，想要让他们在社会上销声匿迹，君王就应该制定出比现实更为严酷的刑法，一旦有人触犯，无论轻重，都应加以法办，严惩不贷；拘捕那些不肯停止活动的巫视，格杀勿论，一个都不赦免，采取公开执行的方式，明示于众。

不过，葛洪在强调使用刑罚必要性的时候，也注意到惩罚施用的限度，此即葛洪多次提到的"义"。他认为，就像赏赐的关键在于因功而赏，惩罚的可贵之处在于量罪而罚。在一个家庭里，废除了鞭打的责罚，奴仆们就会懈怠懒惰，在一个国家里，如果停止了法律制裁，君王的威信就无从建立，老百姓也很难生出对君上的敬爱之情。

葛洪的同时代人，有人认为葛洪严格贡举、采取禁止为官的惩罚苛刻而沉重，会使畏惧的人过多。再说，缰绳勒得太紧，鞭打过于频繁，是古圣贤伯乐不为之事。严密的防范、严厉的刑罚，是行仁德之政者认为羞耻的事情。对此，葛洪在《用刑》中提出了自己的观点：追求宽宏、容忍污垢的政策，可以用来驾驭敦厚朴实的百姓，但不能拯救衰败颓丧的趋势。仅仅注重仁德，就好比虎狼近在眼前，不挥举刀剑，而是弹琴诵诗，这不是在自我保护；大火烧着了房子，不飞奔着去灭火，而是谦恭有礼地走来走去，火不会自行熄灭；如果和那些一心只因贪欲出卖对策的人谈行施仁德之策，就如同和盗跖谈论捕捉盗贼的事情。

长生久视与仙道理论

在葛洪的思想体系中，长生不死和神仙理论占有极大的比重。中国历史上的神仙和长生不死理论，与养生理论是密不可分的。先秦、秦汉的神仙家思想，道家的养生和求仙理论，东汉时期魏伯阳的《周易参同契》中的炼丹理论,魏晋玄学中的养生理论、道家的养生思想等,对葛洪都产生过或多或少的影响,葛洪对它们的态度,是既有批判又有继承。在他的论著中,对每一派几乎都有批判,但他更多的是通过这种批判阐述自己的观点和看法。他的养生理论,正是建立在他对以前养生理论批判的基础上的。

魏晋时期的主流哲学思潮是玄学,面对动荡残酷的社会现实,玄学思想家进行了理性的反思,魏晋玄学的基本命题是自然与名教的关系问题,但就其实质而言,玄学家重点讨论了人选择什么样的生活方式才有价值和意义;通过怎样的途径,人可以摆脱社会的束缚而获得生命和精神的自由,从而获得在空间上的无拘无束以及时间上的无限延展。然而,理论上的自由自在在现实中是不存在的,一些玄学家就将自己的人生追求寄托于神仙世界之中,也出现了一些专门论述神仙世界的作品,如魏曹丕的《列异记》、西晋王浮的《神异记》、张华的《博物志》、两晋之交干宝的《搜神记》,葛洪也有类似的作品《神仙记》。此类作品的宗旨在于宣扬形体的长生不死、追求精神的自由愉悦。曹魏时的嵇康从形神不可分割的形神论出发,提出"形恃神而立,神须形以存"。形神二者在养生中缺一不可,不可偏废,此为嵇康养生说的基本原则。在养神与养形中,嵇康更看重的是养神,他将精神与形体的关系,比喻为国君与国家的关系。基于此,著名的玄谈家何晏、嵇康、阮籍等人都曾服食丹药,通过修性、安心以求保身、全生,服食丹药的形体成仙学说开始在社会上流行起来。葛洪吸取了形神论中选择形体成仙的立论,建立了自己的长生神仙学说。陶希圣在《中国政治思想史》中曾指出:"后汉以后,以自然主义来反对祈祷的巫术的人,或以为命是既定的,养生不过是尽命,养生可以长生久视。如嵇康养生论,便是后一派。抱朴子把嵇康这种理论变本加厉了。他认为药既可以治病,就可以长生,不独可以长生，抑且可以成仙。"（《论仙》《对俗》等篇）葛洪的主张，也是对他视作"率皆妖伪"的"惟专祝祭"（《极言》）的长生成仙观的反正。

在中国古代神话中，神仙被描绘成不食人间烟火的样子。如《太平经》里的神仙，主管风雨、掌控四时。葛洪对神仙学说有了全新的诠释。受当时玄学思潮的影响，葛洪的神仙理论以玄道为立论之基，结合有无、本末、质用、一多、玄器、阴阳、动静等相生相克的范畴建构其哲学体系，弘扬"玄道"的神秘与超越，以"有"和"无"来观照形神。这样不仅从玄学本体论上论述了神仙的性质，而且具体论及了人的形体可以获得长生以及得道成仙的可操作性。"有""无"作为哲学概念，相克相生，既是一对矛盾体，又互相依存。在《至理》中，葛洪即将玄学本体论中的"有"和"无"引入形神论中，再以堤水、烛火来比附形神。在葛洪看来，生命是形神共同作用的，形神二者的关系，犹"有"与"无"的关系，人的形体具备了精神才能成为有生命的人。"神"又如何保存在"形"中呢？首要的就是使形体坚固，永远不坏，这样"神"就有了一个永远留存的地方。葛洪认为，只有养生才能达到"神"存"形"中。形体是由气构成的，气存则身存，气竭则身亡，所谓"养其气，所以全其身"。寿命的长短与所蓄养的气的多少关系极大。只有形神二者完美结合，才能使生命焕发出夺目的光彩。在形神关系上，与嵇康等人不同，葛洪更强调形体，他认为一旦身体疲劳，精神就会分散，元气枯竭，人的生命也就走到了终点，因而，要想求得个体生命的超越，就必须保存形体。葛洪的神仙理论，使得神仙与人不再是异类，神仙自然也就不是天生的，而是人经过长期的潜心修炼而获得的，《对俗》中曰："若谓彼皆特禀异气，然其相传皆有师奉服食，非生知也。"要超越生命求取长生久视，既要行气修养，又要借助外物来延年益寿，这个外物就是丹药。在葛洪的论述中，炼制金石等药物就可以获取金丹，而服用金丹是长生之本，既然金丹可以炼制而成，修炼成仙自然也就可以获得了。

葛洪强调，长生和不死之事确实是存在的，只是人们还未认识到其重要性罢了。针对汉魏以来对长生成仙可能性怀疑和反对的倾向，他在《勤求》中就宣称："道家之所至秘而重者，莫过乎长生之方也。"同样的意思还有："长生之道，道之至也，故古人重之也。"（《黄白》）长生之术在道教信仰里至关重要，而且古人就极为重视，因此求取就显得极为必要。葛洪坚信，能使人长生成仙的金丹玉液是能够制造出来的，有了金丹玉液，就可以让普天下的人都长生不死。在《外篇·尚博》篇里，在论及世俗贵古贱今的时候，葛洪说："即使有起死回生的良药，仍然说他不如医和（春秋时代的著名医家）和扁鹊所调制的药物。"葛洪认为，制造出金丹玉液，要比拯救将死的人更为重要。而现实情况是，人们津津乐道于称赞后者的洪恩大德，却无视前者的无上功德。为了证明自己观点的可靠，葛洪又抬出了道家所尊奉的两位圣人——黄帝、老子，他们的功德是无法估量的，那么延续他们的事业，自然也是功德无量。与世人常说的论述军事成败与个人立身的"一言之善，贵于千金"相比，把长生和不死之事告诉别人，其价值又岂止千金？

《内篇》中用了大量的篇幅论证神仙的客观存在，但是想求仙就必须学习，通过学习，可以成仙。在《勤求》篇里，葛洪在论述神仙道教的传授时，就对那些不虚心求教的人表示了不满："羞行请求，耻事先达，是惜一日之屈，而甘罔极之痛，是不见事类者也。"不得金丹大法，长生不死就无从谈起，如果说羞于拜师求教和耻于侍奉先贤，是怜惜一时的屈辱的话，那么乐意忍受永久的痛苦，在葛洪看来，简直就是不通事理了。《遐览》中以儒者学习的经历作例子，论述为真人们所看重的长生之道一定要勤勉追求、反复询问才能获得。求师时，必须严格地区别真伪，因为像古强、蔡诞、项曼都、帛和等不得修炼之法或持虚妄荒诞之说的人层出不穷，但如果有幸阅读了《抱朴子》，就可以粗略地辨别真假善恶了。在《祛惑》里，葛洪阐述了《内篇》的创作目的："夫托之于空言，不如著之于行事之有征也，将为晚觉后学，说其比故，可征之伪物焉。"葛洪《内篇》的撰著，是要为晚辈细说长生求仙的事例缘故，以便让他们获得一些辨明真假的验证，葛洪知道，与其坐而论道，不如用事实证验来得实在。

《论仙》中说："虽有至明，而有形者不可毕见焉；虽禀极聪，而有声者不可尽闻焉。……万物云云，何所不有，况列仙之人，盈乎竹素矣。不死之道，曷为无之？""若谓世无仙人乎？然前哲所记，近将千人，皆有姓字，及有施为本末，非虚言也。"葛洪告诉世人：判断仙人的存在与否不能根据平常的经验，即认为自己看不见、听不到的东西就是不存在的，神仙的存在，在古代的竹简帛书和先哲的著作中就已经有了记载，怎么可能不存在呢？他们都有名有姓，都有施行法术的来龙去脉，怎么会是编造的呢？不过，对于别人的怀疑，葛洪采取了宽容的态度，在《外篇·尚博》篇里，葛洪探究人们因无知而对某些事物产生误解的原因："对于能够玩味出其中玄妙的东西，肯定会称赞它很好，对自己不甚明白的东西，一定会诽谤它如何不好，道理是很自然的。因此人们习惯把自己不知道的东西视为玄幻荒唐，是真心以为是那样，倒不一定是有意违心地对此事物加以伤害。"

其实，葛洪"神仙的存在，在古代的竹简帛书和先哲的著作中就已经有了记载"等说法，确实是有理论根据的。秦汉时期，神仙的形象开始具备人性的特征，一些非人性的因素逐渐淡化，老子、姜太公、尹喜、东方朔等著名的历史人物和方士进入神仙之列；到了魏晋时期，相当多的知名隐士和去世的道士被列入神仙谱中，神仙世界与现实世界越来越接近，神仙的人性味也越来越浓，魏伯阳、张道陵、于吉、孙登、左慈、葛玄等，都进入神仙的行列。其中老子是隐士神仙化的一个典型，在司马迁的《史记》中，老子还只是一个普通隐士，因有感于周室的衰微，西出函谷关，最终不知去向。到了西汉末年刘向的《列仙传》中，老子被追尊为神仙，到了葛洪《内篇》的《杂应》篇里，老子就被神化为道教教主："老君真形者，思之，姓李名聃，字伯阳，身长九尺，黄色，鸟喙，隆鼻，秀眉长五寸，耳长七寸，额有三理上下彻，足有八卦，以神龟为床，金楼玉堂，白银为阶，五色云为衣，重叠之冠，锋铤之剑，从黄童百二十人，左有十二青龙，右有二（应作三）十六白虎，前有二十四朱雀，后有七十二玄武，前道十二穷奇，后从三十六辟邪，雷电在上，晃晃昱昱，此事出于《仙经》中也。"

葛洪强调成仙的过程是自然而然进行的，《对俗》篇中就引用彭祖之言以强调神仙的人情味："古之得仙者，或身生羽翼，变化飞行，失人之本，更受异形，有似雀之为蛤，雉之为蜃，非人道也。人道当食甘旨，服轻暖，通阴阳，处官秩，耳目聪明，骨节坚强，颜色悦怿，老而不衰，延年久视，出处任意，寒温风湿不能伤，鬼神众精不能犯，五兵百毒不能中，忧喜毁誉不为累，乃为贵耳。若委弃妻子，独处山泽，邈然断绝人理，块然与木石为邻，不足多也。"对彭祖的论述，使传说中神仙身上的神圣光环不复存在，而成了照样可以享受人间美食，穿轻便而暖和的衣服，可以有夫妻之爱，也可以出仕为官的活生生的人。并且可以因得道而目聪耳明，骨强筋健，和颜悦色，老而不衰，延年益寿，随心所欲，寒热风湿侵袭不了，神鬼妖怪无从伤害，刀枪不入，百毒不进，忧愁喜悦、诋毁赞誉不为所累。这样的成仙目标，对于士族子弟来说，既切实可行，也比较容易到达。"《抱朴子》追求的，不外乎人道，即立足于现实的追求，并不是升天观念的追求……是一种置基础于地上，追求人道的立场，那也是神仙思想本身的立场。""在《抱朴子》中，更加重视不死的观念。追求不死的倾向显示了《抱朴子》的合理性，但是在《抱朴子》中并不是绝对否定升天。"（［日］清宫刚《中国古代文化研究 君臣观、道家思想与文学》）"合理性"云云，正是葛洪长生久视观念吸引士族子弟的关键之处。然而这样的神仙，自然与常人无异，也就为世俗庸常之辈所不识，从而否认神仙的存在："若夫仙人，以药物养身，以术数延命，使内疾不生，外患不入，虽久视不死，而旧身不改，苟有其道，无以为难也。而浅识之徒，拘俗守常，咸曰世间不见仙人，便云天下必无此事。夫目之所曾见，当何足言哉？"（《论仙》）神仙身上的神圣光环既已不复存在，神仙世界也就不再神秘莫测，其大门对芸芸众生都是敞开的，葛洪所列的众位神仙，三教九流，无所不有，各行各业，无所不包，既有古代圣哲、仕宦之人、高门子弟，也有贫苦之徒、奴仆及病弱者。

    《对俗》《论仙》中，还阐明了神仙不求为常人所识，常人就不承认神仙的存在的另一个原因，那就是世俗的人缺乏敏锐的洞察力和鉴别力。在《对俗》中，葛洪以"哲人大才"的遭遇为例对此加以阐述。"哲人大才"因去掉了华美的藻饰，去除了不切实际的欲望，在最醇厚的环境中保持着淳朴的品质，将细枝末节的琐事遗忘于世俗之外，因此隐匿起来而不为世用。哲人大才尚且如此，何况仙人？他们因与俗人志趣不同，视富贵为不幸，把荣华看作粪土，珍宝在他们的眼中是尘埃，声誉也不过是露珠……假若他们有时来到人间游乐戏要，隐没其真形，隐匿其特异，同穿行于人群中的凡夫俗子没有什么两样，洞察力不强的人就没法识别他们，听力不突出的人也无法听见他们的声音。如此一来，世俗之人自然就不相信他们的存在，进而加以诋毁，仙人们讨厌这样，就更加地远离世俗、隐遁不出了。《论仙》中也表示，平常人喜欢的，正是品质高雅的士人所憎恶的；庸众所看重的，正是超凡脱俗的至人所鄙视的。那些卓尔不群、养其浩然之气的才俊，尚且不乐意见到浅薄之徒与风尘之辈，更不用说神仙了，他们更加不屑忙忙碌碌，让世俗愚昧之人了解神仙的存在以及如何求仙，并且意识到自己的怀疑是愚昧无知的表现。

《内篇》中搜罗了很多长生成仙的方法，概括起来主要有内修（"养生之道"）、外服两类。葛洪既讲内丹，又讲外丹，主张内修与外养相结合。他认为依靠服食金丹、药物可以使身心不朽而成仙。《遐览》中说："大凡作为道士想追求长生不死，就应该把心思放在金丹大药上，至于符图剑器，只能用来驱除鬼魅，避开邪魔罢了。"有关这一点，卿希泰主编的《中国道教史》第一卷中有过这样的评价："葛洪所主张的修炼方术，是以金丹之道为中心，荟萃众术而构成的一个独特的体系。故从修炼方术方面，可以说葛洪是一个集大成者，这在道教发展史上具有承先启后的重要作用。"王明的《道家和道教思想研究》说："（葛洪）认为长生之道，不在祭祀鬼神，不在导引和屈伸，而在金丹大药。以金丹大药求神仙，这是一种迷信。从迷信长生出发所从事的炼丹术的研究，却使他成为一个有丰富科学经验的学者和划时代的道教人物。这一阶段的主要研究成果，集中表现在《抱朴子·内篇》一书里。"一如世人不理解长生成仙之事，对于葛洪炼丹的举动和信仰，世人也表现出不屑或冷漠。对此，葛洪在《黄白》中也表明了自己的态度："余所以不能已于斯事，知其不入世人之听，而犹论著之者，诚见其效验，又所承授之师非妄言者。而余贫苦无财力，又遭多难之运，有不已之无赖，兼以道路梗塞，药物不可得，竟不遑合作之。余今告人言，我晓作金银，而躬自饥寒，何异自不能行，而卖治躄之药，求人信之，诚不可得。然理有不如意，亦不可以一概断也。所以勤勤缀之于翰墨者，欲令将来好奇赏真之士，见余书而具论道之意耳。"葛洪意识到，谈论冶炼黄金白银这些事情，世俗之人莫不认为是高谈阔论，是于事无补的无关紧要之事，然而这并未影响到葛洪对丹药炼制的态度。有关炼丹的相关资料，主要记载于《金丹》和《黄白》两篇中。

《黄白》篇认为，用丹砂炼制黄金在现实中是可行的。既然高山可以变为深渊，深谷可以变为丘陵，用石头和铁器可以擦打出火花，变化是天地间的自然规律，人们为什么要因为自己没有见过某种变化，就怀疑金银不能用其他物质制作呢？还有世俗的人因为炼丹高手刘向制作黄金没有成功，就说天底下根本没有这种道术，这就像看到有的农田遭受了灾害而颗粒无收，就说五谷是不能凭播种栽培获得丰收一样。世间虽然有现成的黄金，然而道教真人们制成的黄金，才是各种药物的精华，原因在于炼制的黄金，比自然生成的黄金功效要强得多。真人们制作黄金，并不是借此发财致富，只求服食以后能够成为神仙。炼制金丹有很多戒律，要斋戒、沐浴、禁杀、忌讳等等，应该深入到深山老林中去，身处清洁干净的地方。更重要的是还需要懂得有口诀的方术，这就必须通过师傅的教授了。一位道士用铁器销熔铅块，然后将散药投放进去，立即就化成了白银。又将这些白银销熔，将其他药物投放进去，就制成了黄金。不但可以用丹砂炼制黄金，还可以用五种石料或五种木料种植仙芝，服食可能使人长生。服食丹砂制成的黄金后成仙的人，属于上等的道士；服食芝菌、修炼导引、吞咽元气而得长生的人，属于中等的道士；吃食草木、寿命在千岁以内的，属于下等道士。黄金白银可以自行制作，长生不死可以通过学习获得。葛洪另有《神仙经·黄白之方》共二十五卷，记载有十种炼制黄金白银的方法，包括炼制配方和技术。同时，葛洪告诉人们，配方中的许多药物饵石难以找寻，还要有真人教授口诀，更重要的是炼制者要心地善良纯洁，所以绝非人人都能炼制金丹。

葛洪因师承的关系，认为自身得自经左慈到从祖父葛玄再到老师郑隐的《太清丹经》《九鼎丹经》《金液丹经》，是金丹大药中最重要的三种。他在《内篇·金丹》中指出，黄帝因服食九鼎神丹而成仙。在"丹华"、"神丹"（亦名"神符"）、"还丹"、"饵丹"、"炼丹"、"柔丹"、"伏丹"、"寒丹"中，"但得一丹便仙"。葛洪论《金液丹经》则云："金液，太乙所服而仙者也，不减九丹矣。合之用古秤黄金一斤，并用玄明龙膏、太乙旬首中石、冰石、紫游女、玄水液、金化石、丹砂，封之成水。其经云：金液入口，则其身皆金色。老子受之于元君，元君曰，此道至重，百世一出，藏之石室，合之，皆斋戒百日，不得与俗人相往来，于名山之侧，东流水上，别立精舍，百日成，服一两便仙。"论《太清丹经》，葛洪说："有太清神丹，其法出于元君。元君者，老子之师也。《太清观天经》有九篇，云其上三篇不可教授，其中三篇世无足传，常沈之三泉之下，下三篇者，正是丹经上中下，凡三卷也。元君者，大神仙之人也，能调和阴阳，役使鬼神风雨，骖驾九龙十二白虎，天下众仙皆隶焉，犹自言亦本学道服丹之所致也，非自然也。况凡人乎？其经曰：上士得道，升为天官；中士得道，栖集昆仑；下士得道，长生世间。"

在具体炼制丹药的过程中，葛洪经过实验发现并认识到："凡草木烧之即尽，而丹砂烧之成水银，积变又还成丹砂，其去凡草木亦远矣。故能令人长生，神仙独见此理矣，其去俗人，亦何缅邈之无限乎？"丹砂即硫化汞，加热即分解而得到汞。汞与硫黄化合后又生成黑色的硫化汞，然后在密闭容器中通过调节温度，升华为赤红色的结晶硫化汞。采用硫化汞制水银，葛洪是最早详细记录这一反应的人。葛洪又指出："铅性白也，而赤之以为丹；丹性赤也，而白之以为铅。"这是说铅可以变为铅白，即碱式碳酸铅，铅白又可以变成赤色的铅丹，即四氧化三铅。铅丹则可以变还为铅白，最后回复为铅，此即所谓的还丹理论，也是太清神丹等大药炼制的原理所在。葛洪对铅的化学变化作过的系列实验考察的结果，可能是人类最早用化学合成法制成的产品之一，是炼丹术在化学上的一大成就，也使葛洪成为我国炼丹术发展中承前启后的人物。葛洪还在实验中发现了多种有医疗价值的化合物和矿物药。至今，中医外科普遍使用的"升丹""降丹"等，正是葛洪在化学实验中使用的。葛洪的炼丹术后来传到了西欧，也成了制药化学发展的基石。

养气与内修之术

道教养生术中特别重视养气，一个人只有正气旺盛，才能不损不衰。葛洪也秉承了这种看法，他认为要想长生不老，除了服食金丹，还要保持元气，即对精、气、神进行守持，通过导引、行气等排除内外干扰而长生不老。前者即所谓外丹，后者即所谓内丹，合起来就是服丹养气。在追求长生之道的过程中，葛洪将精、气、神看作生命的三大要素，称之为三宝。精、气、神的提法，在《老子》《庄子》里已经出现，但都是分开来运用的，相互之间没有排列顺序，也看不出有什么必然联系。从《太平经》开始，才把精、气、神三者放在一起，而且排出了先后顺序："气转为精，精转为神，神转为明。"又提出精、气、神三者合一即道，而人通过守一即可使精、气、神三者合一。葛洪对气、血（精）、神三者的关系有一个形象的比喻说法："神犹君也，血犹臣也，气犹民也。故知治身则能治国也，夫爱其民所以安其国，养其气所以全其身。民散则国亡，气竭则身死。"（《地真》）翻译成白话文就是说，神就像是一国之君，血就像国君的臣子，气就像国家的老百姓。所以掌握了养生之术也就可以治理一个国家，爱护民众就可以安定国家，养气就可以保全身体。老百姓星散国家也就不存在了，元气衰竭生命也就不复存在了。可见，葛洪对气高度重视，强调气就是生命的根本所在："人在气中，气在人中，自天地至于万物，无不须气以生者也。"养生的关键之一就在于"善行气"："善行气者，内以养身，外以却恶。"（《至理》）

葛洪强调，修长生之道最根本的秘诀，就在于不损不伤，清心寡欲，再加上通晓求仙之道。为此，葛洪举了一个例子：世上有那么一类人，喜欢安稳肃静，生性厌恶喧哗吵闹，将道遥安逸视作快乐，以荣誉重任为悲哀。在日常生活里，他们衣衫褴褛，食草躬耕，玩赏着人生的"三乐"，固守贫穷直到生命的终点，不勉强苟且地生存，不害怕早到的死亡，谢绝千金重聘，无视卿相的尊位，不须修养，无所作为。唯其如此，才免除了俗事对身体的劳损。葛洪此处提到的"三乐"，出自《列子·天瑞》："天生为物，人得为贵，吾得为人，一乐也；以男为贵，吾得为男，二乐也；人生有不免于襁褓，吾已行年九十矣，三乐也。"（另外，《孟子·尽心》中云："君子有三乐，而王天下不与存焉。父母俱存，兄弟无故，一乐也。仰不愧于天，俯不怍于人，二乐也。得天下英才而教育之，三乐也。"非葛洪所言的"三乐"）不损不伤的根本保障，是为了达到保持元气这一目的。为此，葛洪总结了当时的气功修炼方法，他将行气、导引、房中、辟谷、守一、服食等各种方法结合起来，延年养生。葛洪解释说，如此方可使身体强健，免于疾病的困扰，才谈得上进一步服用丹药成仙。

在《至理》中，葛洪阐释了行气的重要性：最上乘的仙术是服食金丹，若服药时能兼行气，长生效果就会更好。而且，即使没有金丹大药，若能尽得行气之理，照样可以活上数百岁。论述行气时，葛洪认为，行气的最高境界就是胎息。所谓胎息，指修炼行气时，最后能达到鼻中无出入之气，正如婴儿在母腹之中。行气、服气需吸外界之气，而胎息则服自身内

111

气，但二者在本质上没有区别，区别只在层次和阶段上。《汉武帝内传》中记载了这样一个故事：有一个叫王真的人，善胎息之法，他在行胎息之法时，两百多天不吃不喝，但却脸色红润，力气比多个人加起来还人。葛洪书中还记载了他的从祖葛仙公，每逢大醉和夏天炎热时，就进入深渊的底部，一天左右才出来，就是因为掌握了胎息术。

《释滞》中对胎息术作了如下总结：初学胎息术时，以鼻引气而闭之，暗中用心数到一百二十，然后以口微微吐气，耳朵听不到气息随呼吸的出入之声，如置身胞胎之中；经常练习呼气多吸气少，以鸿毛置鼻口之间验之，鸿毛不动即算大功告成，长此以往，心数就可以达到一千。修炼胎息法，时机的选择也很重要，胎息应在"生气"的时候修炼，避免在"死气"的时候修炼。一昼夜有十二时，从半夜到日中六时分是生气，从日中至夜半六时分是死气。人们常说的仙人服六气，就是这个意思。善于用气的人，吹水，水倒流几步；吹火，火熄灭；吹虎狼，虎狼下伏而不能起身；吹蛇虺，蛇虺盘起来而不能离开。如果别人为兵刃所伤，吹伤口，血就止住；听到有人被毒虫攻击，虽然没看见那人，很远地朝其手吹气，男的吹左手，女的吹右手，而那人虽身处百里之外，伤口却可以马上痊愈。不过，人性大多急躁，很少有人能够安静下来修为其道行。另外，行气的关键是，不要多进食，吃生菜、肥鲜的东西也会使人气强难闭。还要禁绝愤怒，多愤怒就气乱，气乱对人无益，还可能使人发咳，所以很少有做到的人。

《释滞》篇中，葛洪总结胎息之法的功用说："故行炁或可以治百病，或可以入瘟疫，或可以禁蛇虎，或可以止疮血，或可以居水中，或可以行水上，或可以辟饥渴，或可以延年命。""炁"指人身未生时的真气，元气，也就是"胎息"，行胎息术有的可以治疗百病，有的可以避瘟疫，有的可以禁绝蛇虎近身，有的可以阻止人生疮流血，有的可以使人居在水中，有的可以使人行走于水上，有的可以止饥饿干渴，有的可以延长寿命。其中关键所在，只是胎息罢了。

导引，又称"行气"。导，指导气，引，指引动肢体，导引是肢体运动与呼吸吐纳相配合的一种健身治病的道教方术，即现代中医学上所言的气功。葛洪认为，导引之术简单可行，几乎所有平日里人们的肢体活动都可以看成导引，《别旨》中说："或伸屈，或俯仰，或行卧，或倚立，或蹻躅，或徐步，或吟或息，皆导引也。"葛洪认为，欲求长生，金丹之药固然重要，但简单可行的导引术也至关重要："服药虽为长生之本，若能兼行气者，其益甚速，若不能得药，但行气而尽其理者，亦得数百岁。"

前文述及，葛洪将"玄道"看成修道求仙的重要原则，又在《畅玄》中再次表明："其唯玄道，可与为永。""得之者贵，不待黄钺之威。体之者富，不须难得之货。"那么，凡夫俗子如何才能获得"玄道"，进而与无限的宇宙相通成为具有超自然力量的神仙呢？对此，葛洪提出了"守一"的气功养生方法。葛洪认为，人的形体和精神都是由气构成的，整个宇宙也是由气构成的，气把天地人统一了起来，在气与气之间存在着感应关系，如果人能根据"玄道"的要求把精气养得很灵巧，与整个宇宙的感应就会很灵敏，这样就能超出求仙者个体的限制，而与无限的宇宙合而为一，具备超自然的伟力。

传统道家认为，"道"最初是唯一的存在，所以提出了"一"的概念。西汉刘安的《淮南子·天文训》中即有"道始于一"的观点。葛洪在《地真》篇中也说："道起于一，其贵无偶。""一能成阴生阳，推步寒暑。春得一以发，夏得一以长，秋得一以收，冬得一以藏。""一"作为最高精神实体存在于人体内，就是元一或真一，也就是生命的本体。另外，葛洪还将"一"解释为在"北极大渊之中"的天神或者在人身中有"姓字服色"的上、中、下三丹田，这其实是先秦两汉以来术数"泰一"（"太一"）观念的发展，在术数领域，"泰一"是用来表征神或天帝的术语。如此"一"就不仅成了联系人与道的纽带，而且也是人成为仙的桥梁，由此也引入了"守一"的概念。

"守一"，指在静坐的状态下进入"神气混然"的境地，即守持住体内的精、气、神，使之常驻体内，从而达到形体的长生不死。葛洪曾引《仙经》说："子欲长生，守一当明。思一至饥，一与之粮；思一至渴，一与之浆。"守一的概念，源自《老子》第一章"载营魄抱一，能不离乎"中的"抱一"，意思是精神和形体合一，《老子河上公章句》将老子的观点作了进一步的引申："人能抱一，使不离于身，则长存。"能够让精神与形体不离散的"抱一"，就是长生之道。"抱一"观念在东汉末年的《太平经》中发展为"守一"，即精、气、神三者合一。葛洪在《地真》中专门论述守一，并在前人研究的基础上，将守持精、气、神的要领具体化为"宝精""行气""服药"。

修道者为了形体不坏，长生成仙，必须弃绝嗜欲贪念，堵塞神魂外驰的通道，使其长驻体内；而神又是由精气凝聚而成的，为了使神不外驰，就必须长养精血，使其不外泄散逸，与神合而为一。也就是说只有内外丹的修炼达到守一，才能实现上述目标。从这个意义上说，"守一"就是"守气"，因此气又叫"元气"，它存在于人的丹田之中。人如得"真一之气"并能守之，就会产生"神通"，可以"陆辟恶兽，水却蛟龙；不畏魍魉，挟毒之虫；鬼不敢近，刃不敢中"。

葛洪又将守一分为"守真一"和"守玄一"两法，"真一"，即精神现象的物质承担者精气，精气固守在形体之中永不消散，神形也就永远结合在一起而长生了。正因"守真一"可守形长存，防止众恶，凝思通神，所以金丹术尽管是长生仙方，古人依然对"守真一"极为重视。与"守真一"的功法相比，葛洪更看重"守玄一"。他指出，"守玄一"之术比"守真一"容易修炼，功效更为明显，不但具备"守真一"守形却恶和通神的效果，还有分形和内视的作用，在"守玄一"时，可以使自己的身体分为一模一样的三个，继而又可以由三个分为数十个，运用不同的口诀，这些身形可存可亡。葛洪对"守玄一"后能够分形见神的描述，其实是那些本来迷信鬼神和法术的道士在炼功流程中出现的幻觉而已。

除了以上几点，葛洪还注意到良好的日常饮食起居习惯对养生的益处，他曾表示，饮食起居看起来是小事，对于养生却不可忽略，要不然此前的所有努力都会付之东流，所以他在《微旨》中强调养生中最根本的就在于"不伤不损"。葛洪论述日常生活中不利养生的习惯有以下几个方面：苦思冥想、力气不足而强行抬起重物、情绪过于大喜大悲、暴饮暴食、长久坐卧、思虑过度、寝食无定时、长时间谈话说笑、酗酒呕吐、用力挽弓拉弩、走路过快而引起气喘、欢呼哭泣、男女不交接等，其中任何一个方面持续太久，都会积劳而影响人的寿命。在《极言》中，葛洪列举了一些不伤身体的养生延年的做法：走路不要过快、耳朵不要听得太累、不要长时间用眼、不能久坐久躺、天冷之前添加衣服、天热之前脱掉衣服、不要太饿再进食、饮食不能过饱、不要等渴极了才饮水、不能喝水过多、不过分劳累或过分安逸、不要起床太晚、不能大汗淋漓、不过度睡眠、不奔车跑马、不多吃生冷食物、不可当风饮酒、不要频繁沐浴、冬天不能太暖、夏天不要太凉、不在星空下露宿、睡眠时不要露肩、要尽量避免大热大寒和大风大雾。对于饮食方面，葛洪强调，五味不能有所偏好，按照五行自然之理，酸多伤害脾脏，太苦对肺有坏处，过于辛辣不利于肝，太咸破坏心脏的功能，太甜则伤及肾脏。

荷兰著名汉学家高罗佩的《中国古代房内考》中，有一节专门引用了《内篇》中的有关论述。葛洪将金丹术看作成仙最高的方术，而仅能让人健康长寿的房中术就只能算作小术。《至理》中，葛洪提出阴阳交媾对行气是否见效颇为关键："宜知房中之术，所以尔者，不知阴阳之术，屡为劳损，则行气虽难得力也。"在《微旨》中，葛洪认为房中术是延年益寿和治疗小病的途径之一，但绝非达到长生不老的唯一手段，同时葛洪援引了那个时代的有关房中术的不同观点，并指出了其中的荒谬之处，比如有江湖骗子靠传授此道来诈人钱财，甚至有些人相信房中术能使人升官发财的鬼话。基于以上观点，葛洪认为房中术的养生学原理在于交而有节，这样才不会损害身体："人不可以阴阳不交，坐致疾患。若欲纵情恣欲，不能节宣，则伐年命。"（《微旨》）"人复不可都绝阴阳，阴阳不交，则坐致壅阏之病，故幽闭怨旷，多病而不寿也。任情肆意，又损年命。唯有得其节宣之和，可以不损。"（《释滞》）其中的理论内涵，在医圣孙思邈的《千金方》中亦有体现。

葛洪所倡导的内修之术，摒弃其中长生成仙的内容，其方法还是很可取的，也有一定的效果，对于增进人类的健康以及养生学的演变发展不无裨益，也在气功学、体育学、医学的发展史上具有相当高的地位，他的导引、养生、守真、房中等养生术，与后来道教所倡导的修炼精、气、神的内丹方术在精神实质上是统一的，也成为后世内丹术的理论渊源之一。

第4章

葛洪医学及其他方面的成就

葛洪的医学成就

  葛洪的家族中有多人精通医术，他的从祖葛玄，是著名的道教理论家和炼丹家，早年曾在江南一带行医。据《广州府志》记载，葛洪的妻子鲍姑，是一个名医，对中医的针灸之术特别得心应手，在广州时，曾就地取材，用当地越秀山区野生的红脚艾（后人称其为"鲍姑艾"）配以井泉为药引，治疗赘瘤，效果明显，治愈之人不可胜数。家庭环境的影响，乱世中自救的动机，再加上传道的目的，更重要的还在于追求长生成仙的宗旨，使得葛洪对于内修外养的种种途径，都格外留心，兼修医术就是表现之一。

  葛洪生活的时代，连年战争，疾病流行，天灾人祸不断，病魔痛苦时刻侵袭着大众的身体，威胁着他们的生命。炼丹求仙的道士们，常年活动于渺无人烟的深山老林之中，时刻面临着自然界各种力量的侵害。有感于凡庸道士认识不到修道者兼修医术的重要，葛洪广泛搜集了戴霸、华佗所集《金匮绿囊》，崔中书的《黄素方》和《百家杂方》，共五百余卷，以及甘胡、吕傅等撰集的《暴卒备急方》等，编写了《玉函方》（今已失传）一百卷，分别病名，以类相续，其中所列药方实用、便宜，而且容易得到，所谓"篱陌之间，顾盼皆药"是也。再者，养生需要凭借多种手段，而葛洪意识到那些识见浅薄的人，偶然掌握了一种养生之术，便沾沾自喜，认为如此就足够了，这样是达不到长生的目的的。因此，葛洪撰著医书也在于阐释自己的养生观，他认为，正确的养生方法，应是"藉众术之共成长生也"。

葛洪撰著医书的宗旨，在《抱朴子·内篇》中的《杂应》《至理》等中有所阐述。葛洪相信仙道的神奇功能，《遐览》中就提到道书中的有关记载："家藏《三皇文》，能够避除邪气恶鬼、瘟疫毒素以及意想不到的横祸灾难。假如有病重即将死去的人，而他们对道术功效又抱有坚定的信念，就给他这种书让他拿在手中，这样就可以保住性命。还有，假如让那些因难产而休克的妇女拿上这类书，就能马上生出孩子。"但是在大多数情况下，葛洪是反对这种荒诞不经之说的。对于当时的医疗状况，《杂应》中指出："医多承袭世业，有名无实，但养虚声，以图财利。寒白退士，所不得使，使之者乃多误人。"按照葛洪所说，当时的医者大多是世世代代承继祖业，有名而无实，只是蓄养虚名来贪图财利罢了。另外，医书中列举了许多治病的药方，而当时的世俗之人却并不按方用药，他们宁愿杀生去祭祀求得福祉，用蓍草占卜来问吉凶，不肯相信良医可以治病，相反却聘用众多的巫师，听其胡说八道。尽管葛洪批判祭祀祷告的荒唐之处，也有宣扬神仙可致、仙丹大药可以疗疾的因素，但其主导却是对陋习的揭露。

巫祝活动在汉魏时期极为流行，汉高祖刘邦、吴大帝孙权，以及孙休、孙皓等皇帝，都热衷于巫祝之术。葛洪同时代的晋惠帝皇后贾氏，迷信妖巫行厌劾（用迷信的方法消灾除邪）之术，以致巫觋和方士参与了接连不断的西晋朝廷内部的政治纷争。对朝廷巫祝之风劳民伤财的情况，葛洪揭露道："昔秦汉二代，大兴祈祷，所祭太乙五神、陈宝八神之属，动用牛羊谷帛，钱费亿万，了无所益。"（《勤求》）与之相应，民间的"淫祀"非常流行，尽管朝廷屡加禁止，民间巫风却愈演愈烈，更有甚者，很多民众因相信巫祝的胡说八道，以致耽搁了病情，或者背上了沉重的经济负担。对此，葛洪指出，那些从事巫祝之术的人，信口乱说灾难祸祟，碰到身患急症的患者，便找借口说不便施救；如果病人坚持要求治疗，便趁机索要钱财，治病花钱无数，富裕的家庭耗尽积蓄，那些穷困之家，只好去借高利贷，出让房产田地，最终翻箱倒柜，倾其所有，导致穷无立锥之地。即使这样，还是有很多人因耽搁治疗而丧生。所有的财产都用在祭祀和治疗上，很多人家里值钱的东西都被骗走，病人死的时候，没钱买棺材、没钱买裹尸体的衣被，以致尸体腐烂，蛆虫到处乱爬。在此基础上，葛洪还谈到了因病致穷而导致的种种悲剧和社会后果。偶尔有人的病自行痊愈，就说这是得到了鬼神的赏赐；如果不幸不治而亡，他们就称那是鬼神不予赦免的结果。幸存下来的人，一无所有，无依无靠，因饥寒交迫，不免一死。更有甚者，因为贫穷，生活没有着落，有的人沦为盗贼，抢劫钱财，有的人则成了窃贼，穿墙越户，四处行动，他们最终要么丧生于刀剑之下，要么陷于刑徒之中。应该说，葛洪医学专著的撰写，有着强烈的现实针对性。

葛洪的《救卒方》（《四库全书总目》中作《肘后备急方》），又名《肘后方》《肘后救卒方》，《道藏》"正一部"中误题作者为"葛玄翁"，是一本既适用于急诊之用，又可以应用于临床医学的医药史上的珍贵文献，是葛洪在广泛搜集民间验方的基础上，结合自己学到的医药知识而写成的，有人誉之为"古代的中医诊疗手册"。此书后经梁代著名道教徒陶弘景的增补、整理而存世。"肘后"犹现代汉语中的"袖珍"，意思是可以把书藏于"肘后"衣袖之内随身携带，随时参考；"备急"即应急之意。

《肘后备急方》现存八卷，一至四卷讲内发病，包括心腹病、伤寒、时气、中风、水病、发黄等急性病；五至八卷讲外发病，包括痈疽、疮疥等病；第七卷讲的是"他犯病"，包括虫兽伤害、中毒等；第八卷则是介绍一些备急丸散和牲畜病。

在该书的序中，葛洪陈述了自己撰著的宗旨：因以往各家的"备急"医书，记载病症很不全面，缺乏系统性，开出的药方颇多珍贵，岂是那些乡野僻居的穷苦百姓能及时得到、用以医病的？基于此，葛洪在医疗实践中收集、研究各种药方，为民治病，提倡采取廉价、方便、临床可验的大众化的医疗措施，开出的药方都简易可行、容易获得，按他的说法，"草石所在皆有"。据统计，《肘后备急方》共收录药物三百七十种左右，其中植物类二百五十种，动物类约七十种，矿物及其他药物约五十种。书中不少治疗疾病的简单药物和方剂，至今仍在使用，还有非常确切的疗效，被证实是特效药，如用麻黄桂枝治哮喘，黄连疗泻痢，忍冬紫菀治咳嗽，松节油治疗关节炎，铜青（碳酸铜）治疗皮肤病，雄黄、艾叶消毒，密陀僧防腐，大豆、牛乳、蜀椒、松叶治疗脚气病等。这些都有可靠的科学依据，如雄黄中含砷，所以用来杀菌；艾叶中含有挥发性的芳香油，毒虫很怕那种气味，我国民间现在还流行五月节前后烧燃艾叶驱虫；铜青可以抑制细菌的生长繁殖，治皮肤病很见功效；密陀僧有消毒杀菌的效果，就被用来作防腐剂。

此外，书中还记载了一些解毒药物，如用甘草、荠苨、大豆、鸡蛋解毒等。除药物外，书中还记载了一些灸、熨、烧灼、导尿、灌肠、休克急救等简便可行的治疗技术，如用苛性碱去除烂肉等。另外，书中对霍乱、传染病、寄生虫病、伤寒、疟疾、天花、结核、麻风、脚气病、食物中毒、醉酒、抑郁狂躁、虫兽咬伤、疥疮、皮肤病、秃发、误吞异物等常见病作了详细的记载。对于一些疾病，书中还详细地列举出了症状，如中风、咳嗽、黄疸、水肿、眩晕等。

《肘后备急方》中记载了犬（疯狗）咬人引起的病症，也就是现代医学上的狂犬病，从葛洪对狂犬病医治的方法看，里面包含着免疫思想的萌芽，称得上是免疫学的先驱，比法国微生物学家巴斯德的免疫学早了一千多年。患者被疯狗咬后，不仅肉体上疼痛难忍，精神也非常痛苦狂躁，受不得一丁点刺激，只要听见一点声音，就会抽搐痉挛，甚至听到倒水的响声也会抽风，因为这个原因，有人把狂犬病又叫作"恐水病"。葛洪之前，没有治疗此病的记载。成书于战国时期、中国医学宝库中现存最早的医学典籍《黄帝内经》说过，治病要用"毒"药，医治过程中没有"毒"，治不了病。葛洪受到古代以毒攻毒方法的启示，意识到疯狗咬人时，狗嘴里肯定有毒物，人被咬后毒素从伤口侵入人体，以致中毒。基于这样的认识，葛洪进行了实验，他把疯狗捕来杀死，取出狗脑子，贴在狂犬病人的伤口上。一试，有的人就再没发病，有的人虽然发了病，但也减轻了许多。

对传染病的病源，葛洪也发表了自己非凡的见解。葛洪在书中，将传染病称为"急病"。大部分现代医学中所说的急性传染病，古人称为"天刑"，认为是天降的灾祸，是鬼神作怪。对于这种荒谬的认识，葛洪表示，急病不是鬼神引起的，而是中了外界的"疠气"。疠气又称"疫毒""疫气""异气""戾气""毒气""乖戾之气"等，指具有强烈传染性的病邪，是瘟疫和某些外科感染疾病的病因。疠气通过空气传染或直接接触传染，既可散发，又可成流行之疫。现代医疗知识告诉我们，急性传染病是由一些微生物病毒（包括原虫、细菌、立克次氏体和病毒等）引起的，这些微生物至少要放大几百倍才能被肉眼看到。在葛洪的时代，显微镜尚未发明，细菌知识无从谈起，但他能够排除迷信说法，认识到急病是由外界的感染源引起的，实属不易。

《肘后备急方》中还记载了许多其他病例，在中国医药史上都有相当的科学价值。其中记载了一种叫"尸注"的病，这种病，就是现代医学中的结核病。书中记载的天花病，是这种病症在世界范围内的最早记录（葛洪的《金匮药方》同样也记载了这种病），要比阿拉伯医生雷萨斯所作的西方世界一直以来公认最早的天花病记载，早了五个多世纪。有关脚气病，葛洪也是将其作为独立病症记载的全世界第一人。其他属于全世界医药史上最早记载的疾病尚有沙虱热（现代医学叫"恙虫病""林斑疹伤寒"，《肘后备急方》比美国医生帕姆在1878年的记载要早一千五百多年）、食道异物治疗等。

在《抱朴子·内篇·遐览》中，葛洪收录了《木芝图》《菌芝图》，显示出他对芝类药物的特别兴趣。除此之外，葛洪还列举了一些可以单服的延年益寿类补药，如茯苓、黄连、地黄、麦门冬、枸杞、甘菊、桂、桃胶、重楼、五味子、天门冬、石韦、黄精、松柏脂等。

传统的中药材葛，属豆科植物，主产于江苏、江西、河南等地，尤其在江苏句容茅山、宝华山地区，资源十分丰富，品质上乘。葛根、茎、叶、花均可入药，可以说全身都是宝。葛的得名，据说就与葛洪有关。民间流传着这样一个故事：

东晋前期，葛洪曾带领弟子在茅山抱扑峰修道炼丹。炼丹时，终日烟熏火燎，时间长了，两个徒弟因道行不深，出现了毒火攻心的症状，口臭牙痛、大便秘结，身上出现红疹。看到这种情况，葛洪很是着急。一天夜里，葛洪梦见三清教祖给他指点迷津说："茅山上漫山遍野长有一种青藤，其根如白菇，渣似丝麻，榨出的白液，清醇中略带甘甜，服之可清热解毒，祛燥消疹，也可以煮食用来充饥，你不妨寻来试一试吧。"葛洪拜谢了教祖。第二天一大早，葛洪独自一人，按照教祖的指点，一路寻找青藤。在一处松软的黄土坡边，葛洪挑中了一株粗壮的青藤，用棍撬，再用手抠，终于将一棵钵盘粗的大藤根挖了出来。葛洪在山泉里洗掉了藤根上的泥土，扛着青藤回到抱朴峰。回来后，葛洪将青藤根切成片状，用锤子敲碎，挤出里边的白浆，煮熟了端给两个弟子饮用。喝下浆水，两个弟子便感到燥热的身体逐渐舒适了下来，没几天，病就全好了。青藤能解毒治病的消息一传十，十传百，当地百姓纷纷按葛洪的指点，挖青藤根清热解毒，食用充饥，织布制衣，并大量采种繁育，一时间传遍大江南北。当时，青藤还没有名字，众人只知是葛洪发现传扬开来的，于是就将这青藤取名为"葛"，葛的根自然就被称为"葛根"了。从此，葛洪用葛为民间治头痛中风、疗疮解毒，解除民间疾苦，并走遍了祖国的名山大川，留下了许多神奇的传说，后来人们为了纪念他，还将上茅山的大道命名为"葛洪路"。

葛洪其他方面的成就

在天文学方面，《晋书·天文志》收录了葛洪的论述天体的论文。葛洪坚持张衡等的"浑天说"（王明校释《抱朴子内篇校释》中称其为"混天论"）的理论，批判了东汉王充以盖天说驳斥浑天仪的观点。根据东汉人的说法，古人对于宇宙的看法有三种观点：盖天说、浑天说、宣夜说。盖天说认为天地都是平坦的，人们仰视天穹，天穹就好像覆盖大地的样子。太阳跟着天转，而不是入地。太阳西下后，之所以看不到了，原因在于距离太遥远。葛洪以火炬为比喻驳斥了盖天说的说法：如果距离火炬远一些，火光就微弱。但是太阳从升起到下落，并不是逐渐变小。盖天说认为太阳、月亮都不是圆的，肉眼将它们看成圆的，也与距离的遥远有关。葛洪则驳斥说，新月也不圆，日食则从侧面蚀起，直至慢慢蚀尽。

另外，葛洪似乎对潮汐现象也有所研究，曾著有《潮说》一部。相传葛洪在钱塘江中的乌龟山炼制丹药，饱览了钱江涌潮的奇妙变化。久而久之，终于发现潮汐虽来去无常，但却有随月亏盈而涨落的规律，于是就写了《潮说》。

　　葛洪的学术成就，绝不仅仅局限于神仙道教、化学冶炼、天文气象、医药治疗方面。葛洪博文多识，他在文学、史学、地理学、文字学、军事学、养生学、音乐美学等方面都有过专门的著述，《晋书·葛洪传》有"其著述篇章，富于班马"的称誉，虽有夸大其词的地方，但可以断定，葛洪的著述是相当宏富的，而且众体兼擅，王利器之《葛洪论·著述考略》确定葛洪的著作有七百多卷，而据《抱朴子内篇校释》附录《葛洪撰述书目表》统计，更达六十三种千卷之多。除了子书以外，还有诗、赋、碑、颂、传记、小说等十余种文体。不论在种类还是成就上，葛洪在两晋时期都堪称"大家"。

　　对于葛洪在学术史上的贡献，明人朱务本在刻本《抱朴子序》中也曾有过很高的赞誉。令人惋惜的是，由于时代久远等方面的原因，葛洪的许多著述已经失传，上述领域现存仅有《西京杂记》《神仙传》《汉武内传》等论著。当然，葛洪在成就最大的道教及道医方面，据历代史籍《艺文志》及书家目录记载，有几十种著作，其详细情况可参考本书附录中的"主要著作"部分。而《抱朴子·内篇》《抱朴子·外篇》是其众多著述中的代表之作。

　　中年以后，葛洪也撰著有一些文学著作，主要有《神仙记》《西京杂记》《汉武帝内传》等，归入中国古代笔记小说类。其他还有《良吏传》《集异传》《郭文传》等。《神仙传》等道教著作，表现出古人对生命现象的探索以及对人生意义的追寻，其中不乏宣讲神仙道教的内容。

　　《汉武帝内传》从汉武帝出生写起，直至死后殡葬。截取武帝活动，详于求仙问道，而略于军政大事。语言华美，叙事铺排，勾勒了一个绮丽神秘的神仙世界，特别是对王母传说的记载，在中国文学史上具有很高的地位。

《神仙传》，据其《序》记载，是因弟子滕升读了《抱朴子·内篇》之后，发出"古之得仙者，岂有其人乎"的疑问而撰作的。葛洪撰写该书，是作为《内篇》的补充，其撰写时间在《内篇》《外篇》之后，而在《外篇·自叙》之前（《外篇·自叙》中已经提到过《神仙传》）。其中收录了古代传说中的九十二位仙人的事迹，虽事多怪诞，但其中不少资料常为后世养生文献所引用，有些内容对研究中国古代养生学具有较大的参考意义，反映了那个时代人们的神仙观念，也折射出那个时代人们的精神世界。梁代的陶弘景在《茅山长沙馆碑》中说，他十岁得到《神仙传》，昼夜研读，便立下了养生的志向。《神仙传》中的故事，大都情节复杂、奇特、生动。如《栾巴传》，叙写仙人栾巴为民除害的故事，以生动的情节刻画了道教的法力，笔墨虽少，却塑造了一个急人之难的正面形象。其中说到一庙鬼化作书生，骗太守许以女儿，栾巴见之，遂做法驱之，使庙鬼现形为老狸。叙事传神，引人入胜。

《西京杂记》无疑是葛洪文学作品中最值得一提的一部，今传六卷本。书原为两卷，最早载入唐魏徵等著《隋书·经籍志》"史部旧事类"，不著撰人，《新唐书》中亦作两卷，《旧唐书》题作一卷，南宋陈振孙的《直斋书录解题》始录六卷本。《西京杂记》作者历来众说纷纭，有西汉刘歆，葛洪，梁吴均，萧贲或无名氏诸种说法，刘歆说和葛洪说影响较为广泛，以葛洪说最为流行。《新唐书》《旧唐书》最早记录该书作者，题作葛洪。清人李慈铭，今人鲁迅、余嘉锡、洪业、费振刚、徐公持、程章灿等认为，此书系葛洪杂钞汉魏百家短书而成，托名刘歆以自重，从该书的实际情况看，李慈铭诸人的说法是可信的。

《西京杂记》中的"西京"指西汉帝都长安（今陕西西

安），记叙对象不仅包括帝王后妃、帝王将相，而且也写到了西汉一代的方士文人、农工商者，其内容涉及典制礼仪、天文地理、宫殿园林、草木虫鱼、珍玩异物、帝后公卿的奢侈好尚、文人雅士的逸闻趣事、诗词曲赋、文论书函等方面。其中不少传说故事被后人引为典实，对诗词、戏曲、小说的创作都产生过一定的影响，为研究秦汉史和文学史提供了丰富的史料。

其中的《画工弃市》敷演王昭君出塞事原委，《卓文君卖酒》《白头吟》演绎司马相如与卓文君的爱情传奇经历，《董贤宠遇过盛》则以董贤因貌美而备受宠爱为题材，《东方朔救乳母》中东方朔智救汉武帝乳母等，都成为家喻户晓、妇孺皆知的故事。另外，记录匡衡读书故事的凿壁借光等成语也源自该书。《西京杂记》中保存的一些历史故事、民俗资料等，也为后世研究汉代社会提供了不可多得的第一手资料，其中的许多记载，如对未央宫、瑟、昆明池"刻玉石为鱼"等的叙述，皆有考古发现证明其可靠性。南越赵佗献宝于汉朝、邓通得蜀山以铸铜钱、富人袁广汉庄园之奇、司马迁有怨言下狱死等的史料价值不容忽视。刘邦筑新丰以迎太公、汉俗五月五日生子不举等记载，兼具民俗学与社会学价值。

除了文学著述，葛洪的文学成就还反映在《抱朴子》等的文学特色上。徐公持先生在《魏晋文学史》中谓葛洪在东晋文学领域"堪称一大家"，绝非虚言。葛洪的文章，讲究说理艺术，富于说服力与感染力，其中一个表现就是善用比喻来说理，以《抱朴子》最为典型，这是先秦以来阐发事理的表达传统的延续。薛梦得所编《中外比喻词典》，仅"读书篇"中就援引葛洪的比喻十八例，"教育篇""人才篇"则多达八十例，以《外篇》中的《博喻》《广譬》二篇为主。

《博喻》《广譬》二篇，非就某一专题进行论述，而完全采用比喻的形式，来谈论各方面的问题，后人称其为"连珠体"。

而"博喻"一词，在后世亦成为一种修辞手法，又叫连比，就是用几个喻体从不同角度反复设喻去说明一个木休。运用博喻能加强语意，增添气势。博喻能将事物的特征或事物的内涵从不同侧面、不同角度表现出来，具有连续性的特点。《博喻》中用了较大的篇幅论述了人才的使用问题。葛洪使用的比喻，取之于日常生活，深入浅出，通俗易懂，比如《尚博》中有一段文字："古人叹息于才难，故谓百世为随踵。不以璞非昆山，而弃耀夜之宝，不以书不出圣，而废助教之言。是以间陌之拙诗，军旅之鞠誓，或词鄙喻陋，简不盈十，犹见撰录，亚次典诰。百家之言，与善一揆。譬操水者，器虽异而救火同焉；犹针炙者，术虽殊而攻疾均焉。"用今天的话可以表达如下："古人感叹人才的难得，所以说百代产生一个人才就已经像脚挨脚走路一样频繁了。他们并不因为璞玉不产于昆仑山就抛弃能照亮黑夜的宝玉，也不因为书籍不是圣贤著成就忽略有助于教化的言论。因此，民间里巷中流行的朴拙之作，军旅战事中使用的言辞贫乏的誓词，有的言辞庸俗、比喻浅陋，篇幅短小不足十行，但仍然被收集著录下来，其地位仅次于《尚书》中的《尧典》《大诰》。诸子百家的著作，对人们的帮助等同于经典。这就像取水一样，容器虽然不同，但救火的作用是一样的；又如同用针灸或艾条烧灼治病，方法虽有区别，但治疗效果却是一样的。"葛洪在这里论述子书的重要性，虽然子书相对于"经典"来说处于佐助的地位，但与经典殊途同归，一样可以助人为善，有益于风俗教化。在论述中，作者运用了众多的比喻说理，娓娓道来，给人留下了深刻的印象。其他的例子还有《刺骄》篇中，为了讽刺有些人缺乏天生资质而徒然效仿东汉戴良与阮籍的傲慢之举，将他们的行为比喻为东施效颦。还有，在《用刑》中，葛洪论述"仁"与"刑"的关系时，将它们比为从事政治的胭脂水粉和统御社会的缰绳马鞭，胭脂水粉不是身体急需的东西，而缰绳马鞭却是人们片刻都离不开的东西。《官理》中，又将君臣关系喻为"器"与"物"的关系："君犹器也，臣犹物也，器小物大，不能相受矣。"不仅比喻贴切，而且行文显得活泼有趣，在文章气势方面也显示出汪洋恣肆之感。

除此之外，葛洪旁征博引，长于引经据典，增强了文章的思辨性；擅长用排比句，使文章读起来颇有气势；运用类比说理，大大加强了文章的说服力；论述善从正反两个方面展开，辩证而允当，分析推理精微而缜密，借助叙事、描摹和推测，论述富于感情，情理相生。以上这些也是葛洪创作的重要特色。

另外，葛洪在《神仙传·自序》中提出了小说描写中"美事"的要求："则知刘向所述，殊甚简略，美事不举。此传虽深妙奇异，不可尽载，犹存大体，窃谓有愈于刘向多所遗弃也。"强调故事描写的丰富性和叙述笔法的详尽。强调故事情节的"深妙奇异"，对小说从丛残小语发展到初具规模是有影响的。

在文学创作与文学观念方面，蓝秀隆在《抱朴子研究》中认为葛洪上承王充、陆机，下启六朝："乃扬仲任之余波，接士衡之绪论，运指骋辞，不为传统儒教所拘，在南渡之始。挥舞瑰丽宏博之椽笔，摅陈反古警世之宏论，开导六朝之文运，或亦系乎时序者也。而其特立风标，超迈前人者，约有数端。"

第 5 章

葛洪的有关遗迹与传说

葛洪在中国道教史上的影响，也可以从各地数量极为庞大的与葛洪有关的遗迹传说中得以表现。

葛洪身后，各地都留下了极为丰富的葛洪炼丹的传说，其炼丹遗迹也早已超出了他一生的踪迹，炼丹井、葛洪炼丹龙井、葛洪丹井（简称葛仙井或葛洪井）、葛仙园、葛岭等，很多地方都有，也许大多数都出于后人附会，但足以说明葛洪巨大的影响力和民众对他的喜爱程度。

江苏句容的葛洪故宅，在南朝梁时兴建起了道观。茅山的抱朴峰，又称连峰，位于大茅峰的北侧，就是为纪念葛洪曾经在此修炼而名"抱朴"的。茅山上的乾元观，留下了相传为葛洪亲笔题名的"李真人井铭"。

江南会稽（今浙江绍兴一带），留下了众多的葛洪遗迹，如上虞的兰芎山、龙头山兰峰、葛仙马蹄石等。

在浙江的杭州，葛洪也留下了龙井、葛岭、葛坞等遗迹。浙江杭州的外龙井，俗称老龙井，原名龙泓，位于翁家山北坡，井圈上刻有"龙泉""葛洪遗迹"字样，因其大旱不干涸，古人以其与海相通，其中必有龙存在，故名。在宝石山与栖霞岭之间，横跨着一座山岭，绵延数里，从此处俯瞰西湖，风光秀美，有"瑶台仙境"之称。相传，葛岭的得名，即与葛洪曾在此设炉炼丹有关。葛洪与鲍姑成婚后，在风景秀丽的杭州西子湖畔建抱朴道院，隐居不仕，潜心研究医学和炼丹术，取得了很高的成就，成为著名的医学家和炼丹家。后人为了纪念他，把他居住的地方称为"葛岭"。葛洪卒后，举尸入棺，轻如蝉蜕，世以为其尸解仙去，尊称他为"葛仙翁"。葛岭智果寺西南为初阳台，葛洪修炼于此。初阳台下有投丹井，相传葛洪曾投丹于井中。此井后归马姓人家。明代宣德年间大旱，马家瞥井，见井底有石匣、石瓶。石匣牢固不可开启，石瓶中有丸药好像芡实，马家人拿来一尝，淡而无味，便丢掉了。一个姓施的渔翁拾来吃了一枚，后来活了一百零六岁。自从浚井后，井水的水质腐败不可食，重新把石匣投到井里后，又变得清洌如故。石匣中的奥秘，对当时的人来说自然是莫名其妙，现代人也未必搞得清楚，可见葛洪已经掌握了很先进的针对水源的药物防腐消毒技术。抱朴庐（抱朴道院）则是当年葛洪与妻子鲍姑修炼之所，在葛岭的半山腰。天堂山下还存有葛坞。杭州境内富阳市胥口镇有葛仙洞，相传葛洪在此炼丹长达十三年。文献记载中葛洪羽化于广东罗浮山，但杭州西湖亦建有葛洪墓。

浙江金华也有一座葛仙山（也叫葛公山），最高峰叫葛仙公尖，又称葛仙峰、葛峰、炼丹岩，山下汇入义乌江的小溪，称葛溪，溪边有村落叫葛仙村。据明嘉靖《金华县志》及万历《义乌县志》记载，葛仙山的来历与葛玄、葛洪密不可分。金华境内的九峰山，相传是葛洪著成《抱朴子》一书并得道成仙之地。

宁波境内，留下了葛洪遗迹多处。灵峰山的佛教寺庙阿育王寺内，也建有一座供奉葛洪的仙翁殿，峰顶仙书岩的"才神"，相传是葛洪的手笔，山上有炼丹时用水的丹井、捣过药的灵岩、炼丹的灶和插箸成竹的方竹（明代尚在）。还留下了许多民间传说，如葛洪背母逃生、吐饭成蜂，尝百草治病救人

130

等。自南宋宝庆《四明志》之后的历代地方志中，都有葛洪的记载。宁海县境内的大洪山和大短柱山之间的学士坪，相传为葛洪放弃散骑常侍一职后，与师傅郑隐隐居炼丹之地。此地的抱朴崖洞附近，遗留有丹灶、铸丹鼎、凿磨槽、编绢筛、挖水海（降温池）、建华池（溶解池），另外，还有用于鼓风的橐，其他还有仙溪、仙人里、丹舍、丹井等遗迹。市域内的天姥山，犹存抱朴洞天。宁海附近的慈溪市，有仙人洞和葛仙翁丹井遗址。奉化市江口镇的塔山，古称甬山，山间多丹崖洞穴，相传有七十二洞。世传葛洪在洞中炼丹时，有巨蟒为害，伤人无数，葛洪施法术镇杀之，老百姓感谢其救生之德，筑庵塑像，奉祀纪念。甬山清水庵大殿侧面的葛仙洞古碑犹存，庵中老僧对葛仙翁传说如数家珍。余姚市大隐镇境内，有一座纪念东晋山水诗人谢灵运的谢山庙，庙内生长着一株千年古樟，树下有传说中的葛仙翁"丹井"，至今甘洌不涸。明末清初黄宗羲的《四明山志》和《慈溪县志》（大隐原属慈溪）对此均有记载。县志还记载，在谢山山麓的千年古樟树旁，建有葛仙翁殿。在大隐章山村狮子潭斜西北方的仙人洞里，还遗留着传说中的葛洪炼丹制药的药臼。

位于浙江舟山群岛上的普陀山，被称为"海天佛国"，系佛教四大名山之一，相传葛洪曾炼丹于此，有葛洪井等遗迹。

缙云县仙都方岩景区内有葛山，葛山和步虚山之间的山坑，名葛坑，相传是郑隐、葛洪师徒修炼之地。还有丹址、葛竹、葛湖等村，都因相传有葛洪炼丹而得名。葛竹山头建有祭祀葛洪的"葛仙翁庙"。缙云附近丽水境内的南明山有"灵崇"二字遗墨，据说为葛洪手迹。

清初吴墨浪子撰写的《西湖佳话》卷一《葛岭仙迹》，记载的就是葛洪在杭州的传说故事。如有一年瘟疫肆虐杭州一带，很多人身染重疾，葛洪将炼制好的丹药投入井中，人们饮用井水之后，瘟疫自行消除。又有一次，葛洪在西湖边时，碰见一位年轻女子正欲投湖自尽，葛洪见状，连忙劝阻女子并询问自杀原因，女子告以丈夫因交不起地租，想卖了她。听完原因后葛洪告诉女子在某处松亭内的大青石下有一包金银，叫她丈夫去取。丈夫按照葛洪说的去找，果然找到一包金银，交了地租以后，还余下一些作为本钱做起了生意。夫妻二人感激不尽，就去找葛洪，葛洪早已不见踪影，他们就朝葛洪隐去的方向顶礼膜拜了老半天。葛洪不喜结交权门，同情下层百姓遭遇，因而民间就流传着这些葛洪救民于水火的故事。

广东的罗浮山（今广东博罗县境内），曾经是葛洪修仙炼丹的重要场所之一，自然也留下了众多的遗迹，如葛洪洗药池、稚川（葛洪字稚川）丹灶和都虚观（南庵）、九天观（东庵）、黄龙观（西庵）、酥醪关（北庵）等。葛洪升仙之后，晋安帝义熙初（405），都虚观改为"葛洪祠"，在唐玄宗天宝年间（742~755），随着道教的兴盛，扩建为"葛仙祠"，宋哲宗元祐二年（1087），哲宗钦赐祠额"冲虚观"，取"元始天尊生于太元之生，秉自然之气，冲虚凝远，莫知其极"之意。此后，冲虚观久享盛名，清同治年间重修，一直保存到今天，居华南地区道教宫观之首，后又跻身全真道十方丛林，称冲虚古观，享有"道教第七洞天""三十四福地"的美誉。杭州黄龙观、香港黄大仙庙等，遥奉其为祖庭。冲虚观偏殿的长生井，当地百姓信其水有祛病延年的功效，名之曰"神仙水"，需用斗米才能换来斗水，为"冲虚三奇"之一。另外两奇是：主殿周围长了很多大树，可是树叶总落不到瓦顶上；二是观内墙上从来不结蜘蛛网。据说，这些都与葛洪炼丹熬药所形成的仙药气场不无关系。

冲虚观中的黄大仙殿，供奉着葛洪的弟子东晋人黄野人（初平）。黄野人，名黄初平，号赤松子，民间俗称黄大仙，出生于浙江金华。少年时，曾在当地放羊。十五岁时得神仙指点而隐居赤松山（位于今浙江金华金东区赤松镇北）。十八岁开始修道，得道后易名赤初平，号赤松子，故号称"赤松仙子"。民间传说黄野人曾经与师父葛洪一起在罗浮山中炼丹，一次他因事外出，回来时师父已羽化成仙。后来他在柱石间找到师父遗留的一粒丹药，服食后成为地形仙。相传他经常奔波于山野之间，广为百姓治病，以"药方"度人成仙，得到人们的信奉和崇祀。在东南沿海一带特别是港澳地区，其香火十分旺盛，其中以金华黄大仙祠和香港黄大仙庙最为著名。黄大仙信仰在1915年由普庆坛的创建人——梁仁庵道长传入香港，其后蓬勃发展。另有一说，黄野人被称作黄野，流行于广西北流一带。黄野原为打柴少年，一次上山砍柴，碰到一个扭伤脚的老翁走不动了，就上前背着他走。老翁身子很重，黄野体力不支，气喘吁吁地连背了十几里路。最后实在背不动了，就趴在地上让老翁骑在他背上前行。老翁十分感动，就收黄野为徒。原来，这位老翁就是葛洪。此后，黄野同葛洪日夜炼丹。葛洪将升仙时，派他往罗浮山送还经书，叮嘱他一定要准时回来。谁知他误了时刻，回来时师父已升仙去了，只在一张纸上留言："只因黄野来得晚，留与罗浮作地仙。"后来，黄野云游于北流与罗浮之间行医。民间传说中，清康熙五十一年除夕，有医者到北流县城用针灸为人治病。城东居民颜应高，幼时左足残废，只能凭借两手移股而行，医者用七八寸长针刺尽其股而使其足疾痊愈，人们传说医者就是黄野。

　　罗浮山系葛洪晚年隐居之所，葛洪在此修道炼丹，行医采药，撰写著作，直至去世。罗浮山为广东四大名山之首，是远近道教徒朝拜之地，称为"第七洞天"。罗浮山上曾建有蓬莱阁，蓬莱阁附近有遗履轩，也与葛洪与其师郑隐的传说有关。据黄雨著《神仙传》记载，鲍靓任南海太守期间，晚上常去罗浮山中的蓬莱阁与葛洪谈天，天亮返回太守衙门。长此以往，引起了当地山民的注意，了解到原来鲍靓是脚踩两只燕子，腾空飞来的。鲍靓下来之后，燕子就在附近的空中飞行，或栖息在冲虚观的屋檐之下。而且山民也知道了鲍靓身怀绝技，精通法术，就想弄个究竟，常偷偷到蓬莱阁旁边，但终因语言不通，葛洪与鲍靓的谈话内容还是无从知道。山里面的一个青年，出干好玩，就联合几个伙伴，找来一张大网，埋伏在蓬莱阁附近，等双燕低飞时，抛撒大网，捉住了燕子，谁知走近一看，原来是一双布鞋。而当他们取出布鞋时，鞋又变成燕子飞走了。此后，就有人在这个地方修建了遗履轩。

广东广州浮邱山上的浮邱丹井，为旧羊城八景之一，相传为葛洪取水炼丹处。白云山脚下的白云仙馆，相传是葛洪羽化成仙处，其弟子及当地百姓曾建葛仙道院祭祀他。

广东怀集有花石洞，相传因纪念葛洪，人们将大山石岩称为道士岩，四门岩称为丹山岩石，遗存的丹灶上至今还镌刻着"抱朴"二字。

有关葛洪得道成仙的经过，在今天的广西北流流传着以下两种传说：

一说，葛洪在句漏（在今广西北流市）洞炼丹，在九百八十天（两个四百九十天）里炼出了二十颗九转丹。此时恰逢附近村民发生疫病，葛洪宁愿自己不服仙丹，将全部仙丹拿出去救治老百姓。因丹少人多，就把丹药碾成粉末，冲出几担茶水，分给病人服用。结果治好了所有病人，更为神奇的是，服用丹药之后，老人都变成了身强力壮的后生。后来，葛洪继续炼丹，炼了很久也没有结果，他非常着急。一天黄昏，炉盖忽然自动跳起来，从里面跳出一对金童玉女，唱起了人间未曾听过的歌，跳起了人间不曾见过的舞。歌舞停息后，金童玉女眼睛眨了几下，眼角冒出颗颗紫色的珠子。葛洪明白他俩是天使的化身，双膝跪下，双手托着玉盘接住珠子，不多不少，一共二十颗。金童玉女各拿一颗珠子给葛洪吞下，一朵五彩祥云在他脚下升起，句漏洞顶也开了天窗，葛洪身子飘起，徐徐升仙去了。

另一种说法是这样的：葛洪就任句漏县令后，发觉鸭埌村有户陈姓村民不纳粮，不知是何缘故，就前去问个究竟。他经牧童、学童的指点来到这户人家，一眼就看到一群四五十岁的男男女女在纺纱织布。问起纳粮的事，他们说："家里有老人，到里间一问就知道了。"葛洪进去后，看到几位古稀老人在打草席、织草鞋，问起纳粮的事，他们回答说："问问里屋的父兄就知道了。"葛洪只好再往里走，只见两对老夫妻，在捡簸箕中白米里的秕子。问及纳粮之事，老人说："上有老人，要问他们才知道。"葛洪诧异地问道："老人家，你们贵庚？怎么还上有老人？"两对老夫妻说："我们四人合起来已有四百多岁了，今年大家都过了百岁寿辰，但是家父家母还健在，比我们大二十多岁，纳粮的事问问他们好了。"葛洪往里走，未走到厅堂前，已听见琅琅的读书之声。进入厅堂后，见一位鹤发童颜的老人在读书，老太太则在缝补衣服。葛洪上前拜见，老翁请他饮茶，入口别有滋味，使人顿时精神爽快。葛洪便请教老人高寿的秘诀。老翁说："一靠劳动锻炼身体，二靠读书修心养性，还得用句漏山茶和莲花井水泡茶饮用，方可延年益寿。"关于未曾纳粮的原因，老人解释说皇帝曾下诏书，五代同堂可以免去皇粮。听了老人的话，葛洪全明白了，觉得莲花井真的很神奇，便问井中莫非有什么宝物。老人说，宝物就是莲花，除非清官良民，很难见到。若能吞了莲花，还会成仙呢。葛洪想，自己为官清正廉明，说不定会看到莲花井出莲花，此后他便经常去莲花井守候。一日午后，炼丹困倦，葛洪午休之际，梦见有天使告诉他明早三更可到莲花井等候。第二天，葛洪如约来到莲花井旁，只见井中泉水汩汩涌喷，不一会儿，一朵晶莹闪烁的白玉莲花从水中飘然而出，香气四溢，沁人心脾。葛洪将莲花拌入井水喝了下去，顷刻身子轻轻飘飘，双脚离地，升仙去了。

广西宾阳的葛翁岩，位于新桥镇北五公里处的白岩山半山

135

腰上，明代宾州知州梁鱼等人有题诗。

葛洪年轻的时候曾到过河南洛阳，在河南的许多地方，现存有许多与葛洪有关的遗迹，如济源市境内的王屋山。另外，平顶山的焦赞山北部，有一座颇具规模的道观——葛仙观，据传就是葛洪所建，历史上有祖师殿、玉皇殿、包公殿、老君殿等建筑，经多次损毁，现仅存明代碑刻"紫云仙境"。

地处湘、鄂、赣三省交界处的幕阜山，为佛教的第二十五洞天，名为"天真天岳府"，传说葛洪在此修炼成仙。

江西上饶的黄岗山（原名云岗山），为名闻赣、闽、浙的道教圣地，又名葛仙山（中国境内还有一些别的葛仙山，传说与葛玄有关）。而鹰潭境内的板栗山，又被当地人称为角山，角山据说最早也叫葛仙山。在鹰潭土话里，"葛"字和"角"字的发音是一样的，为了便于记忆，当地村民改葛仙山为角山。位于萍乡市芦溪县东南边境的武功山，有葛仙峰，建有葛仙古坛。位于樟树市东南部的阁皂山，为道教第三十三福地，当地人将其简称为阁山，也称葛岭。阁皂山因"两葛"名扬天下，葛玄、葛洪被灵宝派推为始祖，灵宝派也称为"葛家道"，以阁皂山为发源地，因此也称阁皂宗。位于玉山县与德兴市交界处的三清山，相传葛洪与李濂山尚书曾到此开山修道，是道教开山始祖，至今紫烟石下尚存有葛洪炼丹炉遗址，而葛洪所掘的丹井，历经千年而不干涸，水质甘甜，被誉为"仙井"。

湖北随州境内的葛仙山，留有丹泉、丹灶遗迹，葛仙山西面荆泉境内的丫髻山上建有葛仙祠。宜昌境内的磨基山，相传因葛洪在此炼丹而改名葛道山。赤壁市境内的雪峰山，遗存有葛洪炼丹炉、葛仙祠等景观。鄂州也有很多葛洪的传说，据说葛洪曾两度至此。清末武昌县有洪道乡、神山乡，当地人认为都与葛洪有关。今城区东庙乡境内有洪巷、葛洪路，境内葛山顶上的寺庙也被命名为葛仙寺。鄂州葛山的石洞中，相传有葛洪弹琴的琴床石和洗药池。鄂州更为有名的葛店，原名葛仙镇，镇上的斗牛观中，有炼丹井，而镇北的仙人石，据说为葛洪骑鹿至此的痕迹，白浒山边的白鹿矶，也与葛洪骑白鹿有关。

安徽至德县的葛公山，亦名留山，山上过去有葛仙庙、清和庵、炼丹池、鹿迹石等与葛洪有关的遗迹，所在镇也因此得名葛公镇。留山得名有一个传说：葛洪在留山炼了一段时间丹，又要到别处寻访名山炼制丹药，众人极力挽留，葛洪还是执意离开了，后人遂名山为留山。其中以鹿迹石最为有名，邑人多有题咏，如明冯应元的《鹿迹石》，明陈春、清张拱秀的《白鹿遗踪》，清黄安复的《访鹿迹石》等。陈春诗云："丹阳令尹古神仙，骑鹿朝天事惘然。我欲登云祈室决，遍地膏泽满周田。"表达了对葛洪的无限敬仰之情。潜山县境内的天柱山，曾被汉武帝封为"南岳"，位列道教第十四洞天、五十七福地，相传葛洪曾在山中修行。池州境内南陵县的九华山为道家修真第三十九福地，相传葛洪曾于此炼丹。位于卧云庵北的葛仙丹井、双峰下的葛仙洞及真人峰，被认为是葛洪等人修行的遗迹。唐玄宗天宝九年（750），深受道教思想影响的李白慕名至此（时称九子山），赋诗多首，其中有《炼丹井》写道："闻说神仙晋葛洪，炼丹曾此占云峰。庭前废井今犹在，不见长松见短松。"另据清代的《铜陵县志》记载，境内长山石洞中有一株数尺高的牡丹，人称"仙牡丹"，传说为葛洪手植。

四川仪陇金城山西南边的抱朴洞，相传为葛洪炼制金丹的地方。"抱朴洞"三个斗大的朱红楷字，至今犹存。

山东苍山县的抱犊崮，在《内篇·金丹》中出现过。相传，葛洪曾投簪弃官，抱一牛犊上山隐居，"浩气清醇""名闻帝阙"，皇帝敕封其为抱朴真人，抱犊崮故名。其西有建于明代以前的巢云观、三清观。位于山东省诸城西南与五莲交界之处的马耳山，据唐萧颖士《马耳山记》的记载，山上的仙人洞曾为葛洪隐居炼丹之地。

河北唐县清虚山，为全真教发祥地之一，又称"葛洪山"，简称"葛山"。相传葛洪及夫人鲍姑在这里采药行医，炼丹治病，后人为纪念他们的功德，将清虚山命名为"葛洪山"，山脚下的村子也被称作"葛洪村"。山上的葛洪大殿（玉皇阁）、洗心双泉、炼丹古井、炼丹灶、药碾、爆艾台、清虚宫（打坐练功洞穴）、留云院（祖师殿）等的得名，与葛洪有密切关系。此外，据此地民间传说，葛洪弟子黄野人也曾在清虚山修道隐逸。

葛洪曾周游徐、豫、荆、襄、江、广诸州，足迹所至，留有很多传说。如湖北鄂州的葛山，又名仙山，山上有"葛仙人"当年采药炼丹的遗迹，有弹琴的琴床，有洗涤药物的洗药池，山顶石洞内还有箕踞而坐的痕迹。现山顶上建有葛仙寺，供奉葛洪塑像，是葛山风景区的标志性景观。除葛山外，鄂州的葛店名气比葛山还大。葛店原名葛仙镇，位于今鄂州市城西四十五公里处，相传葛洪曾骑梅花鹿云游天下，栖息于此，炼丹采药。当地现建有斗牛观，供奉葛洪骑鹿飞升塑像。此外，葛店人还将改革开放后扩建的一条大街命名为葛洪路。斗姆阁位于青虚山后暖谷半山腰处，旁有小石屋和茂盛杏林，山洪不能侵害，盛传是因为里面有"避水神珠"。小石屋内有清嘉庆二年（1797）御制碑一通，其中有"葛洪修炼于此"的记载。

葛洪在《金丹》篇中，介绍了中国境内可以炼金丹的地方，共有包括五岳在内的二十八座山。当时的中原和北方地区的山峰，因八王之乱和十六国割据不能前往，"可得往者"仅江东八座，即晋安（今属福建）的霍山和今浙江东部的七座山。浙江宁海天台山，为佛教天台宗的祖庭，也是道教著名的洞天福地，"天台之观"飞白大字，传说为葛洪所书，为天台山最早的摩崖石刻，北宋著名书家米芾在《海岳名言》中誉之为"大字之冠，古今第一"。附近小天台山的主峰达智峰附近，留存有相传是葛洪炼丹的丹房旧址、丹井。宋代诸国秀（宋端

138

平二年进士）在《宁海县赋》中称，"曰桐柏。则有葛稚川之丹房"。葛洪的第二十六代孙葛炳午（宋淳祐七年进士）在《后山记》中讲述了葛洪选此炼丹的经过。

广东佛山、南海丹灶镇、龙川的霍山、霞浦坡的葛洪山、陕西丹凤的冠山、商洛的商山、南京的方山、江西抚州麻始山、新余百丈峰（洪洋洞）、修水梅山、南昌西山、峡江玉笛山、宜春明月山集云峰、福建武平县西山、广西桂平的白石山（道教第二十一洞天）、玉林的都峤山（道教第二十洞天）、浙江台州赤城山（道教第六洞天）玉京洞、金华金华山，也都留有同葛洪踪迹有关的传说。

除了以上地方，还有许多地方留下了葛洪炼丹的遗迹，一些就直接以葛洪的名字（或葛仙）命名，如江苏无锡马山之云居道院、睢宁的葛峄山、南京的方山、邳州距山、四川安岳云居山、广西岑溪，都留存有葛井山或葛洪山，方山、北京香山附近的稚川井、福建霞浦的仙人洞、江西南昌的葛仙峰等地，相传都是葛洪炼丹的地方。

另外，有传说葛洪隐居南土时，曾途经湖北恩施州鹤峰县走马坪，采天仙米为食而疗疾。后来葛洪入朝，以此米献给皇上，体弱多病的太子食用后病除体壮，皇帝遂将天仙米赐名"葛仙米"。据乾隆六年（1741）《鹤峰州志》记载："葛仙米出产距州城（鹤峰古时曾称鹤峰州）百余里，大岩关外（走马坪）水田内遍地皆生，色绿颗圆，颇称佳品。"实际上，葛仙米是一种水生藻类植物，俗称天仙米、天仙菜、水木耳、田木耳，属蓝绿藻的一种，纯野生，是名副其实的纯天然绿色食品。

葛洪的道教理论、道家医术、养生方术、丹经修炼等对岭南地区道教的形成与传承有着极其重要的作用。以上所列，只是众多遗迹中的一部分，但从中足以看出葛洪在民间道教文化中的影响。

过去民间百业的从业者多崇奉神仙，希望得到神仙的保佑，消灾除祸。清代及民国时期，各地染业及颜料业生产者奉梅福（两汉之交隐居于江西南昌青云谱，平帝元始间，料知王莽必篡政，乃隐居于南昌西郊飞鸿山学道，遁避尘世。后人赞赏梅福的高风亮节，将飞鸿山改称梅岭，《汉书》中有其传记，晋干宝的《搜神记》中称他为寿春真人，传说他炼丹求仙，飞升而去）、葛洪二仙翁为始祖。如湖南长沙的染纺业以城内乾元宫作为祭祀天师葛公的场所；山东农村染坊奉梅福、葛洪为"染色老师"，每年农历九月初九对其进行祭祀；山西解州（今山西运城境内）的染房也奉祀葛、梅二仙。

葛洪在《黄白》中专门介绍了合炼黄金、白银的几种方法，也宣称服用"金液方"可长生不老。因此，一些与金银（名称）相关的行业就奉葛洪为祖师，如旧时苏州的金线（用于刺绣）业建有嘉凝公所，所内建祖师殿，奉祀葛大真神（葛洪），并尊称葛仙为"金线祖师""圆金祖师"。中国各地酿酒业，除奉杜康、仪狄为制酒始祖外，也有奉葛洪为始祖的。如清代山西，每年农历八月十八日，酿酒坊都要祭葛仙神于大魁阁上层，其原因大概是酿酒制作也与化学有关，与炼制丹液有相似之处。明清时河南一带盐池还奉葛洪为盐神，于盐场悬挂葛仙像，也可能是因为制盐（煎煮或摊晒）与炼丹有某些相似之处。

在中国古代的佛道论争中，佛教人士多提到葛洪及其著述，葛洪在佛教人士中的影响可见一斑。《抱朴子》中的有关言论，曾被唐代僧人道宣《广弘明集》、道世《法苑珠林》广泛征引。佛道论辩、佛道论争中，《神仙传》多被佛经列为道书篇目作为立论根据。宋释志磐撰著的《佛祖统纪·序》列举道门数目二十种，葛洪的《汉武帝内传》《神仙传》名列其中，葛洪也被视为修书诸贤之一。此外，《佛祖统纪》中卷三十六、卷五十二对葛洪的事迹也有记载。

余论　兼收并蓄的思想体系

魏晋时期，玄学兴起，儒教衰微，清谈之风大盛，老庄学说遂受尊奉。流风所及，子书亦受推崇，陈飞龙的《葛洪之文论及其生平》举例说："徐干著《中论》一书，曹丕以其'成一家之言，辞义典雅，足传于后'，乃许以不朽。陆机临终之时，犹以'所作子书未成'为叹。"在《外篇·应嘲》中，葛洪对庄子、公孙龙等人的学说有过严厉的批评，但这只是问题的一面，在构建儒道并重、外儒内道的思想体系时，受到时代风气的影响，葛洪对百家学说亦采取了兼收并蓄的态度。

葛洪早年，对经书、史书、百家之言，以及"短杂文章"皆有所涉猎，知识渊博，不仅如此，对道家、儒家之外的学说，也采取了吸收包容的心态，他自述说："百家之言，与善一揆"，百家的学说，只要有合理可取之处，也等同经典。在《百家》《尚博》《用刑》等篇章里，葛洪专门阐述了"百家之言不可废"的思想。前文提到，在用人方面，葛洪即受到墨家的影响，在国家治理方面，他也吸收了法家政策的可取之处，《清鉴》中的"夫亡射之箭，皆破秋毫。然准的恒不得为工"一段话，就取自《韩非子·外储说左上》中的"夫新砥砺杀矢，彀弩而射，虽冥而妄发，其端未尝不中秋毫也，然而莫能复其处，不可谓善射，无常仪的也"。葛洪对那种片面地以是否行使仁政来讨论治乱兴衰的看法也进行了指责："那些见识浅陋的儒生只了解到周因为施行仁政而兴盛，秦因为严刑苛政而亡国，而没有理解周之所以得天下并不纯粹是因为仁，而秦之所以快速灭亡也不单单是严苛的缘故。"这一切，都可以看出葛洪在某些方面对法家的认同。早在西汉时期，司马迁在《史记·太史公自叙》中即提到："道家使人精神专一，动合无形，赡足万物。其为术也，因阴阳之大顺，采儒墨之善，撮名法之要，与时迁移，应物变化，立俗施事，无所不宜，指约而易操，事少而功多。"其后刘安编撰的《淮南子·泛训论》更明确地提出"百家之言不可废"的思想，倡导"百川异源，而皆归于海；百家殊业，而皆归于治"，尽管"百家之言"各有不同，甚至互相抵牾，但他们的最终目的都是治理好天下，所提建议都不失为治理天下的办法。葛洪的这种思想，正是先秦以来道家黄老思想包容性的进一步发展。

对于葛洪思想体系中的兼收并蓄，当时就有人颇为不解，嘲笑和指责过他的驳杂。葛洪为此作了《喻蔽》《应嘲》《百家》加以回击，今存《外篇》之中。葛洪的一个同门鲁生，曾质疑葛洪一会儿出世，一会儿入世，时而儒时而墨，缺乏一以贯之的体系。葛洪以孔子为例回答了鲁生的质疑：仲尼之道，确乎一以贯之，但"诸侯访政、弟子问仁"，孔子能"因事""随时"而"人人异辞"，同时葛洪表示，他的理论体系虽然有点芜杂，但无损于其山海式庞大而丰富的整体特点。在《喻蔽》中，同样是那个鲁生，似乎意在强调为文立说的专与精，对葛洪心仪万分的王充提出了非议："琼瑶因为量少而稀奇，沙石因为量大才低贱，所以伏羲创制的八卦卦数不满十个，却包罗了天地间万事万物的规律；老子的著述只有短短的不到十万字，却涉及了道、德的方方面面。王充的著作，装满了很多箱子，可是内容却忽此忽彼，一会儿儒家一会儿墨家，遣词用语陈述观点，又不是很完美。"鲁生的观点，显然不是无的放矢，葛洪的论著，也有鲁生评论王充著作所谓"不尽美"的地方。葛洪就此发表了自己的见解，对鲁生进行驳斥，这无疑也是一种自辩，他对王充的肯定，未尝不是一种自况。他首先表明：创作者和传承者之所以能被称为"圣"和"贤"，关键不在于其作品的字数，而在于传承和创作的品级；接着他阐述了好东西的珍贵固然以少为标准，但如果美玉堆积如山，夜明珠放出夺目光彩照亮天空，这没有什么不好。为了使自己的观点能够取信于人，他还举了被世人圣化的周公和孔子的相关例子阐明自己的看法："周公制作《易经》的爻辞之后，又制《礼》作《乐》，孔子作了《春秋》，还著有辅助《易经》的十篇著作，他们所作的数量都远远超过了伏羲，也多过老子好多，照鲁先生的看法，是不是应该受贬斥了？"对言辞运用方面，葛洪申述道：话少，道理就讲不全面；词寡，众多的事物就会表达不充分。只有长篇累卷，大纲和要领才能列举全面；同样，作为准则的话语和高妙的文章，不用担心因为没人赏识而价值减少或降低。对于鲁生"乍入乍出，或儒或墨"的责问，葛洪也举例进行了驳斥：孔子在诸侯咨询政事和弟子问学仁德时，按照问话对象的不同而给予不同的答案，而孔子的原则，正是"按照不同的情况而提供不同的规诫，根据事情的缓急作出最急需的回答"；《淮南子》和《庄子》与王充的著作有类似的特点，《淮南子》以《原道》《俶真》两篇开始，但同时也有思想倾向相异的《兵略》《主术》这样的篇章；庄周的书中将生死看成一样，但也描述了畏惧成为牺牲之牛，羡慕在路上徐徐爬行的乌龟，向人借粮解救饥饿的情节。总之一句话，不能因为言论的不纯粹就抛弃圣者的著作。

与之相应，葛洪极为看重自己《抱朴子》（葛洪谓其为"子书"）的著述，将其作为一生的功业，一方面这与葛洪长期的隐逸思想有关，另一方面也与东汉末年以来学风的转变密切相连，子书撰著的受推尊就是具体的表现。东汉后期，专治一经、固守师法的烦琐章句之学的风气日渐改观，此前的重道轻艺、重经轻子、重述轻经的习气，日益向相反的方向扭转。王充就认为著书立说的鸿儒胜过据守一经的儒生，《论衡·超奇》说："能说一经者为儒生，博览古今者为通人，采掇传书以上书奏记者为文人，能精思著文连结篇章者为鸿儒。故儒生过俗人，通人胜儒生，文人逾通人，鸿儒超文人。故夫鸿儒，所谓超而又超者也。以超之奇，退与儒生相料，文轩之比于敝车，锦绣之方于缊袍也。"王充的类似思想，直接影响了葛洪的创作动机。在著述方面，葛洪最为推崇王充、陆机，在《喻蔽》篇中，葛洪高度评价王充"作《论衡》八十余篇，为冠伦大才"。他的学术观点，包括文学主张，深受二人的影响。如《钧世》中论述晋世"咸'贵远而贱今'，莫肯用心于明物"（《晋世·左思传》）设"或曰"一段文字，与王充《自纪篇》"或曰"之设，同一机杼。

葛洪在《外篇·自叙》中曰："洪年二十余，乃计作细碎小文，妨弃功日，未若立一家之言，乃草创子书。""洪既著《自叙》之篇。或人难曰：昔王充年在耳顺，道穷望绝，惧身名之偕灭，故《自纪》终篇。先生以始立之盛，值乎有道之运，方将解申公之束帛，登穆生之蒲轮，耀藻九五，绝声昆吾，何憾芬芳之不扬，而务老生之彼务？"他又表示，平生之愿是"念精治五经，著一部子书，令后世知其为文儒而已"。以此看来，葛洪是将自己的《外篇·自叙》暗比为《论衡·自纪》，除此之外，《抱朴子》与《论衡》不乏暗合之处，如有关元气论和进化论的观点，在篇目的设置上，也有因袭之处，如《钧世》与《齐世》，《正郭》《弹祢》《诘鲍》与《问孔》《非韩》《刺孟》。

对待百家学说，葛洪时而表现出矛盾的态度，这主要与他论述的角度有关，在《应嘲》中，葛洪即对庄子的学说进行了强烈的抨击，但在《百家》中，葛洪却对庄子的著作进行了肯定。葛洪认为，有些人否定百家学，是因为他们的思维能力有限，没有辨明它们的精神。诸子百家自有其优点，那些著作引证的资料极为广泛，内容精妙高远深沉……富于变化而不为圆规方矩般的准则所限制，融会贯通却不沦于违背正道，风度品格崇高严肃。

另外，在《百家》中，葛洪还指出儒家正经思想的发展也离不开百家思想的辅助，这显然受到了司马迁《史记》及刘安《淮南子》的影响，特别是司马迁，对葛洪的影响更为深远一些。在《内篇》中，葛洪不止一次表达了对司马迁的敬仰钦佩之情。在《明本》中，葛洪就指出司马迁虽然很优秀却得不到赞誉，班固虽然拙劣却没有受到指责。葛洪大力肯定了司马迁的博文通识，见识高妙，旁及幽深隐秘，具有辨析事物善恶的能力，核实古人的邪正，其评判和论证的依据确实来自自然法则，褒扬与贬斥，都切中事理。在此基础上，他认同堪称一代通人的学者刘向对司马迁著作"实录"的评价。对司马迁的评价，在葛洪之前，许多学者都从不同方面对其进行了肯定，比如"实录"精神，除刘向外，比刘向稍后的扬雄也有类似的看法，班固在《汉书》卷三十六《楚元王传》中也对司马迁进行了高度评价："自孔子后，缀文之士众矣，唯孟轲、孙况、董仲舒、司马迁、刘向、扬雄，此数公者，皆博物洽闻，通达古今，其言有补于世。"这也是从葛洪倡导文章的经世功用方面来称誉司马迁的，并论其有"命世之才"，即可称治国之才。"博物洽闻，通达古今"的评价，对葛洪也有所影响。然而，葛洪何以对班固提出严厉的批评呢？原因在于班固认为司马迁先黄老之学而后儒家经典，其做法是荒谬绝伦的。对班固这样的论点，葛洪表现出强烈的不满，"班固拙劣"云云，其来源也正在于此，可见道家思想在葛洪心目中始终还是最重要的。《论仙》中，葛洪论述神仙确实存在的时候，又说"司马迁虽然不能与日月共光明，但扬雄称誉他的《史记》为实录之作"。

葛洪认为，儒家思想固然是"道义之渊海"，而承载百家之说的子书就像增深之川流，就像景星之辅弼星辰、丛草之佐助高山一样。而且，子书内容丰富深邃，内容包罗万象并不局限于一定之规，旁通演绎又不会走入违反经典的邪路，因其"风格高严"，又非那些用思有限和心存偏见的人所能达到的。在《外篇·尚博》中，葛洪再一次强调百家之言是"合于兴化"的，与儒家经典殊途同归，在这个意义上，绝不可"不以书不出圣，而废助教之言"，葛洪尽管是出于维护封建统治秩序的宗旨而肯定"百家之言"，但对西汉董仲舒提出的"罢黜百家，独尊儒术"的思想却是一个猛烈的冲击。

附　录

年　谱

283 年（晋武帝太康四年）　葛洪出生。从《抱朴子·外篇》中"太安二年洪年二十一"云云，推知葛洪生于该年。太康元年，孙吴为晋所灭。

290 年（太熙元年）　四月，晋武帝卒，太子司马衷即位，史称晋惠帝，改元永熙，太傅杨骏辅政。

291 年（晋惠帝永平元年）　三月，惠帝皇后贾氏杀太傅杨骏，废皇太后杨氏为庶人，改元元康。六月，贾氏借机杀害汝南王司马亮、太保卫瓘、楚王玮。

292 年（元康二年）　二月，贾氏弑晋武帝杨皇后。导致西晋衰亡的"八王之乱"开始。

295 年（元康五年）　葛洪父亲葛悌于邵陵太守任上去世。据《外篇·自叙》记载，父亲去世后，葛洪的生活发生了很大的变化，此前他颇得父母的娇宠。随着父亲的离世，葛洪饱暖都成了问题，生活陷入困境，不得不披星戴月地到田里参加农业劳动。

297 年（元康七年）　由葛洪在《外篇·自叙》中自述的"年十五六时，所作诗文杂赋，当时自谓可行于代"可以看出，葛洪著述始于此时，后来也没有保存下来，一部分融入他后来的著作中。此后到二十岁时，他不断审阅早期的写作，采取了严苛的批判态度。

298 年（元康八年）　葛洪自此开始系统阅读儒家经典，而且十分广泛，于诸史和百家之言都有涉猎。《外篇·自叙》中云："年十六，始读《孝经》《论语》《诗》《易》。"此前，葛洪似乎没有太多的读书机会。吴亡后，因为战火，葛家的藏书丧失殆尽。父亲虽然为官，但一直处于颠沛羁旅的状态，无暇顾及对子女的教育。从葛洪此时开始大量阅读的事实判断，葛洪的处境开始好转。此后到二十岁，葛洪跟从郑隐学习金丹大法，开始接受道家思想的熏陶。

300 年（永康元年）　三月，贾后废惠帝太子司马遹，后联合司马伦等朝臣，害死司马遹。四月，司马伦杀贾后以及司空张华、侍中贾谧等人。淮南王司马允讨伐司马伦，失败遇害。孙秀诬石崇、潘岳、欧阳建等奉允为乱，诛之，灭其三族。

301 年（永宁元年）　正月初九，赵王伦篡位。齐王司马同、成都王司马颖、河间王司马颙相继起兵讨伐司马伦。惠帝复位，司马伦被赐死。

302 年（太安元年）　葛洪在马迹山受郑隐金丹之经，开始草创《抱朴子》。据《内篇·遐览》言：葛洪的老师郑隐因为江南可能发生战乱，率领众弟子东投霍山。

303 年（太安二年）　葛洪身居扬州。十一月，因石冰作乱，攻打扬州，葛洪受义军首领顾秘之邀，募集数百人，加入讨伐石冰的队伍，因功封伏波将军。十月，陆机、陆云等遇害。

304 年（永兴元年）　春夏之交，葛洪从家乡出发，渡过长江，欲经徐州达洛阳搜求异书，因遭逢战乱，中途受阻，遇见故交嵇含。此后两年中，与嵇含有过探讨学问的经历。七月，东海王司马越奉帝北征成都王颖，六军败绩于荡阴，百官分散，侍中嵇绍因保护惠帝死节。

305 年（永兴二年）　陈敏作乱，自号楚公，据有吴越之地，葛洪自此至永嘉元年，先后游历了荆、襄、江、广数州。据《内篇·金丹》记载，游历期间，除了寻访异书之外，葛洪还进行了大量的社会调查，特别是有关道教的社会调查。在洛阳时，从董京的学生陈子叙处了解到董京辟谷的方术、炼食的药方和炼食的途径。大概在此时，葛洪开始考虑《外篇》和《内篇》的撰述计划。

306 年（光熙元年）　晋惠帝被东海王司马越毒死，司马炽即位，号晋怀帝。西晋政权落入东海王司马越手中，"八王之乱"结束。葛洪恰逢朝廷任命嵇含为广州刺史，邀请他担任参军。出于避乱的目的，葛洪答应了嵇含之请。未及成行，嵇含即为仇人所杀，葛洪遂停留南土多年（二十四岁至三十二岁），隐居罗浮山修炼，其间借机远赴今越南和柬埔寨等印支地区，考察了那里的出产和人工制品，所得考察材料，对于他撰写《内篇》的相关篇目有着至关重要的影响。葛洪开始从其岳父、南海太守鲍靓学习内丹之术。钱穆在《葛洪年谱》中记该时间于此年或稍后。

307 年（永嘉元年）　　此后数年，葛洪停留南土，撰述子书。七月，琅琊王司马睿移镇建邺（今江苏南京）。

311 年（永嘉五年）　　三月，司马越兵卒。六月，前汉攻陷洛阳，刘聪掳晋怀帝司马炽至平阳。

312 年（永嘉六年）　　鲍靓将女儿许配给葛洪，未详何年，卢央的《葛洪评传》暂定于此年。

313 年（建兴元年）　　四月，愍帝司马邺即位于长安，八月，改建邺为建康，琅琊王司马睿被任命为左丞相。葛洪亦因"平贼之功"被辟为掾。

314 年（建兴二年）　　葛洪约于此时返家乡，会同顾飏（顾秘从子）至大辟山访郭文。二月，司马睿升为大丞相、大都督。

315 年（建兴三年）　　司马睿为丞相，葛洪被招为府掾。

316 年（建兴四年）　　前汉刘曜攻陷长安，愍帝出降，西晋灭亡。

317 年（东晋元帝建武元年）　　《抱朴子·外篇》《内篇》最终成书。三月，丞相司马睿称晋王，改元建武，建立东晋。

318 年（大兴元年）　　愍帝遇害，司马睿即皇帝位，为安定人心、稳固时局，赏赐有功之人，葛洪因军功赐爵关内侯，领句容之邑二百户。

319 年（大兴二年）　　此后葛洪常入山选址炼丹，仍然笔耕不辍。

322 年（永昌元年）　　春正月，王敦于武昌作乱，后攻占建康。戴渊等人遇害。闰十一月，司马睿忧愤而死，明帝司马绍继位。葛洪姐夫许朝与甘卓联合讨伐王敦，事泄，许朝自杀而死。

323 年（晋明帝太宁元年）　　晋明帝改元太宁，葛洪数年间一直隐居山中。

324 年（太宁元年）　　六月，王敦再次反叛，郭璞遇害。七月，王敦病死，残余势力被平定。

326 年（晋成帝咸和元年）　　葛洪因司徒王导之征，补州主簿，后转司徒掾，又迁为咨议参军。夏秋之间干旱，时有饥荒。大约此年或稍后，干宝认为葛洪"才堪国史"，推荐其任散骑常侍，领大著作，葛洪固辞不就。

327 年（咸和二年）　　十一月，豫州刺史苏峻、历阳太守祖约反叛朝廷。

328 年（咸和三年）　　葛洪转任咨议参军，约在此时。苏峻攻破建康，劫掠京师。隐士郭文死，葛洪与庾阐为其作传，颂扬其美德。

333 年（咸和八年）　　葛洪以年老、嗜好炼丹上书皇帝，求为句漏令，蒙皇帝允准，率子侄等南下。至广州后刺史邓岳聘其为记室参军，被葛洪拒绝，遂留罗浮山炼丹。此后事迹，据《晋书》记载："在山积年，优游闲养，著述不辍。"由此看来，葛洪放弃了去交趾的计划，潜心于撰述和整理有关炼丹的各种理论和方法还有其他方面的著述。

336 年（咸康二年）　三月，干宝卒。葛洪讥虞喜所著《安天论》。按·《晋书》卷十一《天文志上》载，"成帝咸康中，会稽虞喜因宣夜之说作《安天论》，以为……葛洪闻而讥之曰……"。此事具体时间不详，今据"咸康中"姑系于此。

343 年（晋康帝建元元年）　葛洪六十一岁，卒于罗浮山中。

主要著作

（一）哲学

1. 《抱朴子》，包括《内篇》二十卷，《外篇》五十二卷。

2. 《老子道德经序诀》二卷。

3. 《抱朴子别旨》。

4. 《修撰庄子》十七卷。

5. 《老子戒经》一卷。

（二）医学养生学

1. 《金匮药方》一百卷。

2. 《肘后备急方》八卷。

3. 《神仙服食药方》十卷。

4. 《服食方》四卷。

5. 《太清神仙服食经》五卷。

6. 《抱朴子服食方》四卷。

7. 《玉函煎方》五卷。

8. 《黑发酒方》一卷。

9. 《抱朴子养生论》。清严可均谓："前半即《地真篇》也，后半与《极言篇》相辅。"

10. 《胎息要诀》一卷、《胎息术》一卷、《胎息精微论》三卷、《修真胎息歌》一卷、《胎息元妙》一卷。

11.《序房内秘术》一卷。《隋书·经籍志》载："葛氏撰。"《新唐书·经籍志》谓："或即葛氏。"

（三）神仙术数学

1.《三元遁甲法》一卷。

2.《金木万灵论》一卷。

3.《大丹问答》一卷。

4.《太清玉碑子》一卷。

5.《抱朴子神仙金汋经》三卷。宋郑樵《通志略》著录不署撰人，收入《道藏》"洞神部众术类"中题作葛洪著，清严可均云："中下二卷，即《金丹篇》也。"孙诒让《札迻》卷《抱朴子微旨》条云："《金汋经》，晋宋间人依傅抱朴子假托为之。"

6.《稚川真人校正术》一卷。清严可均曰："《稚川真人校正术》是后人所演。"

7.《还丹肘后诀》三卷。

8.《四家要诀》一卷。

9.《周易杂占》十卷。

10.《龟诀》二卷。

11.《三元遁甲图》三卷。

12.《遁甲要》一卷。

13.《遁甲秘要》一卷。

14.《遁甲要用》四卷。

15.《遁甲返覆图》一卷。

16.《遁甲肘后立成囊中秘》一卷。《内篇·登涉》作《囊中立成》。

17.《太一真君固命歌》一卷。

18.《五金龙虎类》一卷。

19.《五岳真形图》一卷。

（四）天文学

1.《浑天论》。杨照明在《抱朴子外篇校笺》中称《穹天论》。

2.《潮说》。

（五）军事学

1.《军书檄移章表笺记》三十卷。

2. 《兵事方伎短杂奇要》三百一十卷。又名《方伎杂事》。

3. 《兵法孤虚月时秘要法》一卷。

4. 《阴符十德经》一卷。

5. 《抱朴子军术》。

(六) 文学

1. 《神仙传》十卷。

2. 《隐逸传》十卷。

3. 《西京杂记》六卷。

4. 《良吏传》十卷。

5. 《集异记传》十卷。

6. 《郭文传》一卷。

7. 《马皦二君内传》一卷。

8. 《碑颂诗赋》一百卷。见《自叙》及题唐天台山道士王松年《仙苑编珠》引南朝陈人马枢《道学传》，唐房玄龄等著《晋书》中录作《碑诔诗赋》。

9. 《汉武帝内传》。《隋书·经籍志》不署撰人，清文廷式《补晋志》云："《日本见在书目》题葛洪，今从之。"余嘉锡《四库提要辩证》"子部七"考定为葛洪撰。

10. 《抱朴君书》一卷。

11. 《隐沦杂诀》一卷。

12. 《元始上真众仙记》。今存《道藏》"洞真部　谱箓类"，存疑。《通志略》录孙思邈《枕中记》一卷。《枕中记》似又名《枕中书》，《四库全书总目提要》云："《枕中书》一卷，旧本题葛洪撰。考隋、唐、宋《艺文志》但有《墨子枕中记》及《枕中素书》，而无葛洪《枕中书》。此本别载《说郛》中，一名《元始上真众仙记》。与《通志》所列之《元始上真记》无'众仙'字，似亦非此书。"近人刘师培在《读道藏记》中云："（此书）次行题'葛洪枕中记'五字，中志各仙官位及治所，即今所传《枕中记》也。"余嘉锡之《四库提要辩证》卷十九"枕中书"条云："《宋史·艺文志》'神仙类'有《上真众仙记》一卷，与《通志》所列之《元始上真记》一无'元始'字，一无'众仙'字，似即一书。疑《元始上真众仙记》其本名，《宋史》《通志》皆从其省名耳。然则《提要》以

《通志》无'众仙'字，遂断其非此书者，此确证也。"

（七）语言文字学

《要用字苑》一卷。北朝颜之推的《颜氏家训·书证篇》中作《字苑》。

（八）历史学

《史记钞》十四卷、《汉书钞》三十卷、《后汉书钞》三十卷。

（九）地理学

1.《关中记》一卷。

2.《幕阜山记》一卷。

（十）民俗类

《丧服变除》一卷。